茶余

周瓶 —— 著

民主与建设出版社

·北京·

© 民主与建设出版社，2019

图书在版编目（CIP）数据

茶余 / 周瓶著. —北京：民主与建设出版社，2019.9
ISBN 978-7-5139-2532-7

Ⅰ.①茶… Ⅱ.①周… Ⅲ.①中国文学—当代文学—
作品综合集 Ⅳ.①I217.2

中国版本图书馆CIP数据核字（2019）第183180号

茶　余
CHAYU

出 版 人	李声笑
著　　者	周瓶
责任编辑	刘　芳
封面设计	中尚图
出版发行	民主与建设出版社有限责任公司
电　　话	（010）59417747　59419778
社　　址	北京市海淀区西三环中路10号望海楼E座7层
邮　　编	100142
印　　刷	河北盛世彩捷印刷有限公司
版　　次	2019年9月第1版
印　　次	2019年9月第1次印刷
开　　本	710mm × 1000mm　1/16
印　　张	13
字　　数	150千字
书　　号	ISBN 978-7-5139-2532-7
定　　价	46.00元

注：如有印、装质量问题，请与出版社联系。

前言
无非一场人走茶凉

其实，《茶余》里的东西，都是身边的东西，你身边的一朵鲜花，你喝的一杯茶，你见的一个人，都在《茶余》里，也许里面还有你家楼下的小花猫。《茶余》里的东西，都是我们身边的事物，是单纯地来自身边的美好事物，以及身边的人的故事，就好像故事的主人公一边喝茶一边在跟你讲述一样。

有的人说《茶余》有喜有悲，没错，这就是现实啊，一帆风顺的人生只存在于电视剧、电影中，没有人的人生会一直是快乐的，不过美好的东西我也不会放弃去追寻的。

尽管如此，美好事物和人生的悲剧内核并不冲突，因为美好事物是我们活下去的意义，就好像你每天起床的动力，是早上六点的手抓饼。而悲剧人生是我们的整体奠基，二者相互融合，组成了我们的喜怒哀乐、我们的生活，这是我的理解。

"喜剧的最深处，其实是悲剧。"这句话我早就忘了在哪儿看到的，也忘了是哪位大导演、大编剧说的，不过我一直非常认可这句话，不信去看看周星驰的电影。

　　人们在悲剧的基础上寻找生活的希望和目标，才有了美好事物和世界，才有了喜剧，悲剧是人生的基础，也是喜剧的根基，我的文总体偏悲，结局都不美好圆满，这就对了，这就是生活，这就是《茶余》，这也是我写《茶余》的初衷，生活其实就是在不断地苦中作乐，这是一个很好的生活态度，毕竟生活哪有结局圆满，又不是电视剧。

　　如果你觉得《茶余》的风格不太讨人喜，美好的事物不多，回到生活中，感受也是一样的。只不过《茶余》在纸上，在人们的口耳相传中。

　　再香再温的茶，故事说完，无非又是一场人走茶凉，人生亦然。

　　一个人走了，会有下个人，一杯茶喝完了，还有下一壶，一个故事说完了，唔，这个世上最不缺的就是故事。怕什么人走茶凉，你的故事千百年后仍旧跃然纸上，怕什么黄土高墙，你的故事在破旧的收音机里，在哼唱京剧的老人间，在一碗清茶中被细细品尝。

目 录

壹 梦 话
我没对你说的话，都在梦里发芽

贰. **谎 言**
字里的人都在我们身边

叁 闲 谈
你胡说，你从来没有好过

壹.

梦／话

旅途

离开之前我含了一块橘子味的糖，见到你之后我嚼碎了它，这就是我的旅途。

离开之前我含了一块橘子味的糖，见到你之后我又狠狠地含了一口，这就是糖的旅途。

离开之前我含了一块橘子味的糖，见到你之后我也给了你一颗，这就是我们的旅途。

离开之前我含了一块橘子味的糖，见到你之后发现你也在含一块橘子味的糖，这就是缘的旅途。

离开之前我没有含一块橘子味的糖，见到你之后，你给了我一颗橘子味的糖，这就是你的旅途。

离开之前我没有含一块橘子味的糖，你也没有，但我们嘴里都有橘子糖的甜味，这就是爱的旅途。

油放少了

"感觉怎么样？"

"唔……油放少了。"

"我问你今天上课感觉怎么样！"

"油放少了。"

"我是问你感觉她怎么样！"

"唉，再添点油就好了。"

"你没救了……"

百字令·余生盼

愣

三更

伊人声

度吾半生

温热灶上羹

花影台前湮灯

如若织女牛郎耕

布衣不弃一笑倾城

年年桃换酒快意歌笙

醉卧梦一场可怜命不争

扶栏叹君狠心灰意冷

话语凝噎在喉如鲠

情似柴扉青苔盛

新醅旧酿不增

泪眼望日升

托付未曾

谁心疼

余生

等

我不敢

风比我勇敢，它敢撩你，我不敢

雨比我勇敢，它敢碰你，我不敢

雪比我勇敢，它敢吻你，我不敢

猫比我勇敢，它敢抱你，我不敢

诗比我勇敢，它敢爱你，我不敢

阳光比我勇敢，它敢暖你，我不敢

奶茶比我勇敢，它敢甜你，我不敢

影子比我勇敢，它敢跟着你，我不敢

相机比我勇敢，它敢留下你，我不敢

冬天比我勇敢，它敢帮你添衣，我不敢

万物都勇敢，只有我最怂

后来

连你也比我勇敢

你敢忘记我

我不敢

索菲娅

森林里有你的痕迹

城堡藏着你的秘密

泥土弄脏你的鞋底

你眨着大大的眼睛

索菲娅 索菲娅 你从哪儿来啊

与其关心坠落的流星

不如钻进被窝里

你跳上高高的屋顶

背靠城市舞个不停

索菲娅 索菲娅 你要去哪儿啊

你深刻得太快了

我不吃苹果里的冰激凌

你是不是有毛病

没人在意的时候

自己偷听

索菲娅　索菲娅　你选择忘记吗

我给你写了道歉信

关于香草味的冰激凌

你跑着离去

到没有人的地方去

只有突然的小脾气

索菲娅 索菲娅 你快点回来吧

猫等得很着急

我也等得很着急

我换掉了我的衬衣

你噘着嘴巴生气

在我昨晚的梦里

你好任性

索菲娅

来之前给我打电话

索菲娅

我准备了两只拖鞋在门口

索菲娅

我想马上就睡着

把一切关掉

我是灰

我是谁

我是哪位

我走路带风，害惨了一只蚂蚁的一生

只有深蓝与我相拥，莫非活着以苦以痛

我将会成为什么样的人，我也不得而知

今天的风很舒服

突然我醒了，天也慢慢黑了

啤酒瓶倒在地上

剩余的啤酒流了出来，往低处流

你不是从来不喝酒吗？她问我

是啊，我回答

她笑着扎起了头发

蒸饺

你每一筷子都蘸着醋和辣椒

它沉入酱料里兀自争吵

你边吃边笑

抹着泪边吃边笑

是辣椒太辣

还是人儿太傻

说完

清晨你对着枕头呢喃

梦的气息还在嘴角弥漫

月亮换上星星图案的窗帘

对迟到的太阳说声早安

你睡眼惺忪还想着前一晚

梦里你在和小时候的谁绕着秋千贪玩

那些童谣、童语、童言你还没有说完

是啊你长大了，笑也带着羁绊

推开闹钟显示的十点半

梧桐树搭载着盛夏许多蝉

幽香奶茶里吸管做糖的华尔兹舞伴

你走过从前的岁月静安

可她怎么没跟岁月走呢？她还在你书桌右边

想着几年前的数学题答案

你心里重复着或多或少的不甘

是啊，有好多话好多话没有说完

咖啡色条纹的猫跑过你脚边

摸摸兜里还没花完的两块三角三

想起学校门口秋风做宣传的路边烧烤摊

想起过往那些诗情画意惴惴不安

天黑了，夜深了

一根筋的人儿啊只好在回忆里

托付星辰月光唯美脸上泛红的赧然

你乜斜缠帐只因缱绻过往云烟不散

思念如野草疯长到心间葳蕤剪不断

那然后呢？跟我走吧

把撒满地的红豆煮粥

把没吐露的情话搅拌

你听，我把想说的对你说完

像不像在对你，说晚安

安知鸿鹄

谁可知十年前躺在破庙里的小乞丐是当朝皇帝
谁可知小面馆泼辣的老板娘年轻时是京城名妓
谁可知统领十军收复江山的大将军是书香门第
谁可知村头那千杯不醉的老酒鬼通晓八卦周易
谁可知这抹着鼻涕的小屁孩过目不忘三千诗集
谁可知烈日锄地的和蔼老农铸造无双神兵利器
谁可知茶馆里送水拖地的店小二棋术天下第一
谁可知北冥有鱼名鲲可化鹏抟扶摇直上九万里
谁可知我鸿鹄决起而南飞从来不与燕雀道志矣

与你

慢慢慢慢偷偷悄悄回看

淡淡淡淡静静轻轻走散

一点一点小心积累喜欢

三言两语哪敢把话说完

可惜朋友过半恋人未满

听脸红的声音嘲笑赧然

多么紧张，纵容刺痛招来浑身紊乱

暗自放荡，臆想一场梁祝相互试探

三更枯坐空房空着心房灯也不关

还在回味反刍自带深意谁的晚安

追上北风抢走诗句不够表达情感

摘下星辰临别赠礼只为打消遗憾

不喜欢不合适太难缠沉默就是答案

不甘心不放手太难堪支吾放肆孑然

抹杀自尊为你，轮回百转

死生契阔与你，千千万万

乖

乖，不要急，慢慢忘

乖，别伤心，给你糖

乖，摸摸头，别再想

乖，一个人，要歌唱

乖，这人生，太荒唐

乖，别哭了，不值当

乖，回家吧，熬了汤

乖，早点睡，梦里还能笑一场

乖，他们不懂你为什么受伤

乖，多喝水，活得平淡不够成长

乖，听我话，你还有天涯要去闯荡

乖，洒脱些，生活没坏到那样夸张

乖，你还是最初冲动少年模样

乖，酷一点，趁年轻随便你痴狂

乖，别犯傻，该是她回到你身旁

乖，少和老天赌气，下雨记得把伞带上

乖，你看这世上，很多事情不是你想的那样

乖，放下吧，放过自己也放过那些破伦理纲常

乖，还记得吗？你儿时说要把世界都装进行囊

乖，少喝酒，醒了之后还是伤

乖，期待不要全放在一个人身上

乖，你不无辜，你也没有罪

你只是喜欢一个女孩

喜欢到想让她明天当你的新娘

乖，我知道你在逼自己强大

给她买最好的衣裳

唉乖，醒醒吧，你还有你的人生要忙

偷偷告诉你，乖

其实我给了你两颗糖

一颗以后，一颗过往

三四

可否再见你一面，效仿从前

刚来贫瘠的世间，你的笑脸

皱纹策划雨和屋檐的谋面

我来了，你在等我呢

半懂半懂是一年，长风苍狗

山林恳求过黄昏，走了太久

苟延残喘为梦多碎个零头

我来了，你却要走呢

温存乱翻老皇历，初二丁酉

喝下受过那些苦，酿一壶酒

三四之间原来藏着你我遇见的春秋

不回吗？还想见你呢

终究，甩开死神不过是想续写故事

终是，让你痛苦只因我还懵懂幼稚

终有，忌日生日之间岁月踩着步子

终归，日月星辰无人如你这般固执

终于，你化秋风落叶缠绵轻抚我肩，呢喃名字

赐我

影子躲避人群

黑夜赐我逆行

他眼中有白鹭

风的规矩是要么吻要么输

滥情独熬一碗粥

愚钝赐我尝一口

他泪里有烟花

幻灭护送尘埃回家

慵懒成为被孤立的风度

世人赐我不免俗

他合上用婆娑写下的书

窗外阴雨，老天和他一起，边笑，边哭

城市的后巷虚伪又肮脏

霓虹赐我行色匆忙

他用青稚去装饰脸庞

阳台的花猫很嚣张，帮他藏着过往

在有生之年在临死之前

做作赐我否认昨天

他熬到了最奢侈的时间

和玫瑰有个约定，痴情种没有遗言

结局落得你也不爱我也不欢

何不赐我独木阳关

他借咄咄逼人伪装难堪

后来一时心安又寝食难安

锋利游走肌肤绽放红莲

天性赐我莽撞不顾明天

他命令无情的人跪下

耗尽一生问她愿意吗

千般死囚换万般自由

杯酒赐我灵魂的句读

他虚心认错绝不悔改

送你一颗红豆

悸动不上眉头不下心头

似是而非或是人言可畏

内敛赐我赧然耳赤滋味

他想洒脱不哀求登对

别道歉，不打算原谅

荒芜才是你的罪

三月动情六月心照不宣

七月赐我入明月怀中思念

他于九月立下誓言

十二月不哭不闹荒唐又一年

问你是否归心似箭

无人

无人似昨夜星辰

无人接我这一吻

无人起衣开柴门

无人夜听我耳闻

无人温酒正端坐

无人烟花与笑说

无人良辰美景过

无人憔悴枯叶落

无人折叠黄昏伞

无人轻将眼泪谈

无人扁舟问津渡

无人佛前菩提树

无人唯我不二臣

无人相思用情深

无人微哼未名曲

无人镜前浣花簪

空寂 枯灯 午时分

老椅独坐捻月痕

环顾四下 四下皆无人

如鲠

他知道这一辈子注定要枯守
他午夜倥偬又起复倥偬又收
他故意沾满月光让身躯清瘦

先恸哭，再内疚
他痛饮最后杯中是毒或是酒
他背影里杀人不过旧怨新仇
他不解处处两难爱恨过了头

先献丑，再消愁
然后，沦为理想走狗
此后，暗自背叛温柔
而后，迷恋黄昏时候
最后，妄想谁来引诱
他拱手相让感受奢望被拯救
他徒有其表针对雾里的邂逅

他一身孑然沉醉在自我庇佑

先难受，再享受

他丢掉那些、这些登上远远蜃楼

他忘了一刀两断，浑身生了锈

他不声不响，不怕万一说走就走

先贪心，再作秀

只求，一场感同身受

就怕，那声买完离手

以后，剩下满腹阴谋

他迷恋情字锋利洞穿虚伪的理由

他无法自拔偏爱只是无端被诅咒

他痛恨世上自以为是荒芜的不朽

先自首，再自由

无非，无谓朝五晚九

嘶吼，事后是谁干呕

要怪，就怪如鲠在喉

去西安

当我第一次，难免释怀

坐上去西安的高铁

每个灵魂，面无表情

表演着，无言的宣泄

我靠在座位上

这条路上全是企图

那只把手些许微凉

我看见她，狂傲端庄

长得不算漂亮

但吸引着，苍生的目光

收敛惊艳，放肆着匆忙

她松系了一条

带着紫罗兰的围纱

交着双手

拨弄披肩的头发

撩却自己的年华

发尖向上微卷

行李放在脚边

站在喧闹的边缘

她轻抹了淡淡的妆，毫不关心这城市的尘土飞扬

她轻拖着行李箱，抑或里面有沉重的幸福一样

她知道这一生嫁给了无所适从

喝着低八度的酒，吹着无聊的风

只好从迷离人世的郑州东站

去似是而非的，西安

有一天我又坐着

去往郑州东站的高铁

她站在下着雪的路边

抽着十块一包的烟

我看见她，狂妄动荡

脸上化着浓妆

仍吸引着，苍生的目光

苍生老去，斑驳了模样

她的发梢不再明亮

她最恨的是西安的城墙

像极了她多年后的脸庞

她最爱的是西安的城墙

她不要皎洁只要这月光

她嘲笑我百年的唐，红颜祸水不过深爱一场

她要做第一个皇，把说谎的人全都殉葬

她知道这一生不过是无所适从

再不喝虚假的酒，吹无情的风

她离开迷离人世的郑州东站

回到似是而非的，西安

沉

任我沉沦无措

一生无关痛痒风自清浊

任我迷世而过

为你药石无医不甘堕落

任我悲声可乐

眉眼潋滟阑珊无怪笑我

打扰我

收藏我

醉生梦死的人不再哭了

隐匿在两点三十四分

报之以沉默

要离开

要诀别

要分道扬镳

晨光杳杳

笛声漫漫

抵不过你眉间那条川

小时候的人啊走在对岸

芦苇荡去时光，悲欢也参半

灯火万万

星辰浩瀚

所经历历微卷

想与你天天五味三餐

可我终于饥饿

又是场梦

窗檽点了沉香

告诉那过路的客

如今执刀的人

也曾红着脸深情爱过

恨

我恨脸上的雪

恨腐烂的叶

恨凄冷的冬夜

只爱不喜欢我的你

我恨不眠的夜

恨钟表里的凌晨四点

恨被路灯昏黄的无人街

也没那么爱不喜欢我的你

我恨被用坏了的耳机

恨写过的无人认领的情书

恨送不出的川崎玫瑰

也恨不喜欢我的你

我恨青春岁月

恨辜负

恨强颜欢笑

恨你，也恨自己

酒鬼

摇摇晃晃掉着眼泪，你说你没醉

撕心裂肺喊着好酒再来饮三杯

别人问提到的女孩谁是谁的谁

只是低头苦笑，心里碎了复又碎

你酩酊大醉，你活得好累

你的良人还未归，你的今后送给谁

转身面朝北，举杯痛一回

若有来生做酒鬼，没有爱人没有愧

只有手中忘情水

我问你，"你当真没有愧？"

那为何，眼角全是泪

又为何，面色尽憔悴

是为何，承认你不对

酒醒之后就回家吧

你并不是酒鬼

这个世界

伤了你

又救了谁

绝情这个东西，你总是学不会

没有人会爱你，没有人会抱你

你要认

谁让你倒霉，谁让你悲催

谁让你追也追不到，却还要追

谁让你，是她偏偏不爱的谁谁谁

"你还爱我吗？"

"爱。"

"你会等我吗？"

"等。"

"如果我在很远的地方，你会来找我吗？"

"会。"

"你撒谎。"

最后的最后

你只是个酒鬼

非然

你于我可望不可即

我于你可搁不可弃

是诡计，是荫翳

可我还是愿意

愿意再等等你

我不再和执着捭阖

你仍未以歌悲戚

尝遍天下的宴席

走散在天下的宴席

我会遇见你

遇见你在夏天的十二分之一

我的弹奏背负不起音之靡靡

可你是我的三弦十二品失真音

他们说世上有千万种对不起

我只听你一句没关系

寻寻觅觅

见过无数种品相

无人像你

人间的根号七

可否在我心上小住

于我心跳间挪移

非长曼，非短暂

惊飞来日漫山的杜鹃

羼蹙中秋船下的鲈鱼

我说与你听

朝夕承欢的无边风月

不及你眉间雾十里

非苍凉，非炽热

寒夜涣散，星辰阑珊

倾翻所有愤懑

将皮囊都风干

夜里安静的人不是你

情绪随暗香涌起

非你不然

非你不期

长路悠悠

你说从头就从头

沙漏

灌满时间，也缓慢一切不可见

欢闹成篇，还说什么患难与共多少年

张爱玲骗了我

时间和新欢都忘不了一个人

海子也骗了我

我的后海花园留不下整个春

我流失了所有的沙

从一脸红晕

到一句真话

我得到了所有的沙

从偶尔遇见

到无望天涯

倒过来呢？也一样吧

若有来生呢？也一样吧

终会离别

终会老死不相往来

最后一个路牌，会有一趟往返车

终点站成为我伫立良久的地方

终会巧遇，终会山水又相逢

那个人又在那里

又是第一次出现在那里

对我喊着："初次见面，请多关照！"

可我已经失去她好多次了啊

于是我不管那些情仇爱恨

用第一次的口吻，带着些残忍

问她是否还认得我这个人

路人总会下车

而我还是要往前走

我的神明呢？还不来救我

我快要被时间的流沙溺死

我快要被一种不知名翻来倒去

老去的人全是叹息

年少的日子还有几许

还要独活，还被俘获

心思宽敞又狭隘，再到宽敞

一万年太久

一千年太长

野性与蛮荒

做作与荒唐

轮回因果都是僧尼口中的梵语

一生的晴朗坎坷我又还给了天地

山清水秀根本不够我俩初遇

一光年外我在星尘碎土中等你

沙漏反转，我能否回到爱你以前

那样我一定不会爱你

兴许结局也会反转

你也会天天找我发脾气

比萨斜塔上我的心跳更重，理应先落地

但愿错的是哥白尼

去他的日心说

宇宙中心分明是你

巨蟹

还有几个句点

还有一些谜面

没打算了解

这悲剧堆砌的世界

他熬出没人爱的矫情时间

就像几天未食的米饭糯粘

还可以躲进硬硬的壳抵挡一切

却不知一切，在柔软易碎的心里面

还要多久才到终点

还要多苦才能尝到甜

如果天生的悲观主义是他的身份速写

请对他好一点

这个世界，可不可以，对他好一点

他也想看那些浪漫回旋

他也想听那些蜜语甜言

他也想接受众人的九九归一句祝愿

该不该活在爱里面

海洋生物却在沙滩搁浅

希望别人靠近却挥舞着巨钳

想要笑着过剩下的凌晨几点

却怎么也扯不上嘴角的弧线

怀疑善良却拥抱善良的巨蟹

也相信世界有和平的终点

喜欢上一个人的巨蟹

却总是锁在一个人的房间

慵懒时光里的巨蟹

可以为意中人跑上好几条街

心软辛酸的巨蟹

狠起来又是那么惹人怜

幻想若有来生的巨蟹

这一辈子也没什么喜悦可言

没人理解的巨蟹

索性活在自己的世界

所幸能活在自己的世界

发了火的他，无非是伤人八百又自损三千

回忆是那么密切

怀旧是他最擅长的表演

看得到任何细节

爱设置不经意的考验

孤独和烈酒陪他所有黑夜

那爱做作的巨蟹

你靠近一步，他会跑到你面前

你退后一步，他就离开你好远

一直站在极端的两边

总是用尽全力对待一切

又每次死在全力上面

就像掉进水里的香烟

热情瞬间被熄灭

麻烦把他不离身的耳机丢到一边

好好抱着他，不要太腼腆

告诉他终于等到了现在这一瞬间

你可知，如果对他一笑啊

他可以带着这一笑

多活好几场岁月

流水账

有个男孩

有场夏天

他早上九点起床

刷牙，洗脸，呆坐在房间

看了一半的小说丢在桌面

打开电脑，玩着游戏

就到了下午日落前

他感到一丝无聊疲倦

拍拍自己的脸，走上了大街

干枯的灵魂往来

温暖的西风拂面

两手插兜，耳机两边

听着几年前的歌，想起几年前的盛宴

他觉得夕阳不是这个夕阳

夏天也不是这个夏天

人也不是这个人啊

场面也不是这个场面

他走过南湖边，走过每棵梧桐

走过烫手的柏油路，走过棉花糖般的云下面

然后他来到一家小店

等着一份草莓炒酸奶

他无事可做，无事可想

只好望着天

今天是什么日子

为什么有的人匆匆

有的人哭花了脸

他想起来了

今天是六月七号

他也曾是那些人里的一员

他在考场外面转悠过

他在卷子上写了一些谎言

他被一些人捉弄过

而那些人却再也不会见

他那道题选了C

他这道题没答全

每一次落笔

每一个字眼

随了那只创造龙卷风的蝴蝶

把一群人带走

又把一群人带到他身边

他也后悔过

后悔为什么没多看课本几页

后悔为什么没和她聊个天

后悔这道题是真的不会

后悔有的梦已经破灭

可现在他走过了好多年

祝福这天去考场的身影

仿佛啊仿佛

昨天啊昨天

那个夏天他可是六点起的床

那场考试他没想太多这些那些

那天前桌在草稿纸上画了Hello Kitty

那次文综写完之后再也不看卷子一眼

记得所有细节，记得所有时间

他猛然发现

他已经站在该去的地方

看着这个城市的晴天

他认识一群同样走出来的人

感慨了万千

"你的炒酸奶好了"

"好的，谢谢"

十一

十一是遗憾

是恋杀青山

是说不出的晚安

是人算不如天算

十一是傍晚

是天色浓却很淡

是手中的笔停转

是故事写不完

十一是苦难

是结果很缓慢

是被爱很难

是套路已经用烂

十一是交换

是真心与暧昧贪玩

是堕落的船长和船

是铁石心肠和愿意装它的碗

十一我们走吧

数到十二就去看刚种的麦芽

如果数到十三的话

请你在我不注意的时候吻我一下

十一我们回家

没有情调的人辜负了你的年华

我只说你能听懂的情话

你如果听懂了请不要回答

把欢欣藏在你的笑意中吧

十一把眼泪擦一擦

看看天上缺了一块儿的月牙

不完美一定是谁的错吗

可能你不想尝悲欢吧

十一你要明白呀

世间到处都是风沙

知道太多的人会被关在笼子里

他们怕东窗事发

十一别期待那些啦

你快长大

不吵架 不说脏话

不熬夜 不去想她

都做不到的话

就好好活下去吧

清欢渡

古道瘦马，浊一山光影

晚桥流水，湿满衣甘霖

手中棋子未落，秋叶痴缠湖上亭

杯里女儿微凉，西厢闺房簪花银

我且问星辰，何时归人不飘零

清欢渡边，一叶船家渡百年美眷同修长情

人烟散去，烛旁轻绣寄远方离人已是将军

不归途上，雨打油纸伞匆匆撞进柳暗花明

没入世间，唐宋元明清泛黄光阴无人回应

我还叫着你的名姓

凭栏听醉一曲轻笛

万家华灯四野通明

过往冥冥不再计较怎个思卿

我独留一身风月

你却看不清

切莫停留在孤寂静夜里

清欢渡上烟波浩渺悲欢难平

难平心中意又起

却对你钟情

如恶果

天光濩落，谁家公子枯坐

不忍揆度，空有痴心一颗

很久没有好好喝几杯白的黄的

所以刚才好好喝了几杯白的黄的

很久没有好好醉一夜

喝了白的黄的

但是觉得像水一样

那几杯白的黄的

很久以后照片两边的花还不是白的黄的

但是觉得此生还是走马观花吧

那些白的黄的

我需要过于自恋，不会马上回来

我们的所有会面，都节约成拜拜

走一圈，走一圈，毫不在意的人是残缺

我等了好多年，有个故人没见

往后无争，可痴心早已相许

如食恶果，下个人间再种兰因

师父说

那日绿叶流转飞卷，款款落在檐下

山雀惊林，清溪遥送着一瓣落花

师父说徒儿下山去吧

让我收拾收拾行囊别再回头了

如果多年后看到师父的墓

你一定早已吃遍了世上的苦

师父说我愤世又嫉俗

让我把这烈酒装满一壶

万一哪天想不开痛哭

至少能趁醉把世间看清楚

师父说山下的女人都像老虎

千万别摸老虎的屁股

我问为什么

他叹气说记住啊记住

师父说谨记教我的剑谱

夜晚太黑学会好好走路

恶人太多好人自渡

师父说有天我也会收徒

那天莫忘了师父

莫忘了师父的山羊胡

师父说每天要坚持扎马步

马步是绝世神功的基础

扎好了马步底盘牢固

力拔山兮一打五

师父说快走吧孽徒

吃也师父喝也师父

点点滴滴十年如昨天的日暮

无力再看我长成参天良木

师父说我终要踏上自己的归途

途上魑魅魍魉荆棘遍布

不要害怕不要当懦夫

会输的总会输

后来我也当了师父

也收了一个孽徒

我没有告诉他很多人生感悟

只有一句话

一日为师，终身为父

开脱

他：　曾经说要好好活　　　她：　可我怎么好好活

去寻找那结果　　　　　　我不期待什么结果

偶尔三两星坠落　　　　　千万次黄昏日落

好让人什么都不记得　　　我依然什么都记得

谁会急着说再见呢　　　　不如再见吧

是不想看起来太难过　　　别让情绪纠缠着我

我自焚全身欲火　　　　　欲火燃尽痛过笑过

狂热过后也是满地疯魔　　寂静之后是灰烬飞烁

纵我用一生执着　　　　　谁让你顽固不知退缩

为你将原则打破　　　　　从没有什么底线可捅破

就算全是你的错　　　　　是的都是我的错

我却沉醉在为你开脱　　　请让我独自悔过

走！别再回头看我　　　　喂！别再为我开脱

一路上花朵那么多　　　　一生里装了漫天烟火

戴着王冠别掉落　　　　　我不值得你用日子挥霍

走啊！想想谁先沉的默　　好吧，至少别那么冷漠

对我说，如果说　　　　　不用说，不必说

而我应该怎么做　　　　　我知道该怎么做

十注

头一注，赌岁月荣枯

春水流

夏虫声覆

秋风吹

冬彻寒骨

二一注，赌一世祸福

十月胎

一声啼哭

古稀来

笑称朽木

三一注，赌来时归处

勘宇宙

奇生万物

又散去

归于尘土

四一注，赌苍生疾苦

降甘霖

润泽江湖

喜报响

烟火锦簇

五一注，赌星辰罗布

荡天狼

荧惑伴宿

下北斗

紫微飞渡

六一注，赌十方去路

四维尽

不略不顾

灭时空

天机泄露

七一注，赌无尽计数

无生有

有继生无

头即尾

轮回反复

八一注，赌日朝月暮

　　东初升

　　有灵复苏

　　西垂落

　　寂静清楚

九一注，赌油盐酱醋

　　锅碗瓢

　　人烟直入

　　柴米茶

　　归真返璞

尾一注，赌五音乐谱

　　编钟震

　　绕梁流溯

　　琵琶响

　　犹遮面目

像星

夜晚这样安静

雨天又放了晴

女孩心思太细

男孩唱个不停

南风温柔体贴带着秘密

我在想念你

空气有些甜蜜

手心握得太紧

你像星星

也像我的眼睛

你放光明

我却看你不清

从那次我猝不及防，视线离不开你

陷入这般奇妙的缘分旅行

就算银河里有无数颗星星

你却是那一种唯一

感觉有点窒息

你控制我心情

就让我带上你

屋顶上看星星

你的眼带笑意看向天际

我在看着你

裙边随风飘起

答应我在一起

你像星星

黑夜为你沉寂

你要远去

我想要够到你

所有星座回转偏移全部都指向你

烟火霓虹车水马龙都汇聚

我在心里找到一只望远镜

为了假装离你很近

你像星星，你是心情

点点滴滴

闪闪轻轻

只为一人明

朋友圈

有天她逛街看见买菜讨价还价的阿姨

努力证明真心不过是有价无市的东西

她摸了摸玩了很久像手机的烫手山芋

才发现自己已经很久没有人联系

如果上天不曾把他安放在生命里

又为什么让她夜里身心俱疲

她时常在想这一辈子还有多少哭泣

还有多少眼泪让人生决堤

松软温暖的微博让她更加警惕

好像在暗处有颗心看着自己在玩手机

不太明白

这么安静

大半夜朋友圈上演着歇斯底里

她看见别人把面条吃进鼻子里

可是费了好大的劲也笑不出来

原来身后的空间寂静得像梦境

关掉手机发现太阳又高高挂起

恍然间想起今天是自己坠地日期

不过好累真的好困丢了所有动机

无人在乎杀死了生日快乐的意义

不如发条朋友圈吧 提醒一下列表

"今天又长大一岁啦"却卡在发送框和指尖的缝隙

万一没有人理那该有多尴尬

该死的万一让她失去反抗的脾气

应付不来

听话的你

有一天她也会打扮得落落大方

可惜再也没有人会让她心里慌

希望大家那时还在一个朋友圈

走在前面

走在后面

念奴娇

一曲长歌一场雪

一生依望女儿月

寻声去

云中南飞雁

盛世不换我红颜

莫怪帝王生爱怜

只怪天公画媚眼

君不见

楼台可采撷

痴人梦如花美眷

念奴娇 念奴笑

顾眄俘获万人瞧

力士呼 催又复

轻捻红纱魅女妖

满街烟火卷管箫

不曾想到

后世才子词头题名号

年岁无情刀

小桥流水牧童

独唱念奴娇

折返

看，回头看，又折返

茶余

这个人很懒

什么也没有留下

写点什么吧

写点什么啊

写周遭，写夜太深还有人没回家

这个人很惨

什么也没有剩下

做点什么吧

做点什么啊

做一桌热饭，做她打来电话的梦

这个人很烦

一切都那么复杂

以后的归处

老去的爹妈

如果可以，也不想活成一堆乱麻

这个人很傻

好像一直长不大

年少的问题

都没有回答

此去经年，还是那么傻

这个人很怕

怕有天只剩自己了

所以他装疯

所以他卖傻

破罐破摔，吓跑别人就此作罢

这个人写过《年华》

写过《三辞》排练死法

有些话《我不敢》《与你》《说完》

可以留到下次说吗

听说聚会那天大家都来了

《偏偏》《无他》

笔尖刚刚发芽

话音刚刚落下

开头用倒叙手法

故事都讲烂了

讲到天边出现晚霞

这个人的过去搬不上台面

写的情话十分肉麻

他的书里都是谎话

他问心爱的姑娘嫁不嫁

姑娘不理他

贰.

谎/言

字里的人都在我们身边

年华

相 见

"啪嗒！"

手机又掉了，今天不知道第几次拿不稳东西了。

这两个月经历了一些我承受范围以外的事，也无非是学业和感情。后脑勺都是一鼓一鼓的，课也不想去，什么都不想做，周瓶啊周瓶，你还能撑下去吗？

"叮咚！"

手机来了条短信，我捡起手机，擦了擦，以为肯定又是10086之类的，毕竟从来就只有10086给我发短信。

但我一看，号码很奇怪，19970704，这是电话号码吗，只有8位，而且……

这是我的生日，看得我背后发凉。

"晚上七点，去你最爱的那家奶茶店。"

什么鬼？这谁啊？我根本不知道他是谁。要在以前，我很可能爽快地答应，可现在，我对谁都小心翼翼，这是成长了，还是变幼稚了？

"你是谁？"

我一定要问清楚。

"行动能解决的问题，为什么要动嘴？来了不就知道了。"

他的这种语气让我不爽，虽然我有时候也是这种语气。他竟然吊我胃口，这人貌似知道我被吊胃口就一定会把事情弄清楚，不惜用钻牛角尖的方式。

"你很脆弱，哦不，是比以前更脆弱了，出乎我的意料。"

没等我回复，短信又来了。

他怎么知道我最近状态很不好？我被人监视了？也罢，他这点说得也对，能用行动解决的就别白费嘴皮子了，晚上走一趟呗，是福是祸就看情况了。

"别嚣张，等我去找你。"短信发了出去。

"啪嗒！"我再次掉了手机，这次有点故意的成分，有点……

立夏了，时不时地下雨。

我讨厌下雨，有时候却又听命于雨。一步一个水洼，这一步映出自己曾意气风发的脸，下一步又把缝缝补补的心再次踏成涟漪。

女孩们欢快或安静地挽着手走在男孩们身边："我要吃烧烤……""那边的水果好好吃！""亲爱的，陪我看电影去吧？""呜呜……我高数要挂了。"

情侣间的话语，掺在两边烧烤摊肉串的香味里，陪我走了许久，可我听不进，也闻不着。

一抬头，"无良饮品"四个字的霓虹灯一闪一闪的，"饮"字还坏了半边，"无良欠品"……我笑不出来。

走进奶茶店，"还是椰果奶茶？"老板轻车熟路。

"对。"

"还是常温？"

"加热放两块儿冰。"

"那得多收两块钱。"

"行。"

店里没多少人，往里走，看见一人坐着，背对着我，深蓝色连帽衫，很显眼，让你不得不看向他。

桌上有杯喝了一半的奶茶，我瞥了一眼奶茶底，也是椰果的。

那人头发比一般男的要长，后面脖颈处因为偏瘦，微微低头时骨头鼓出来了一点。

店里的大挂钟显示时间6点48，我也没想到我会走得这么快，估计是好奇和渴望被拯救的状态驱使着我。

"你来早了，不过也好。"

他说话了，音量低但足够我听清，整句话没有语调，也可以说，没有感情。

我还没看到正脸，他已经察觉到我来了，不会是我在和老板扯淡的时候偷看了吧？

还有，这声音，好熟悉。

不是那种一般的熟悉，而是声音好像从我的口中发出来的一样，他说话的时候我喉咙也发痒。

我快步走过去拉凳子坐下，一抬头，头皮顿时炸了一样发麻，脊梁骨冒出一阵凉气。

我瞬间明白了这声音为何如此熟悉。

他，就是我。

……

相　忘

"你……你……你是怎？"

我一时失语。

"啧，看你慌的，没见你周瓶这么慌过。"他，或者说是"我"，一脸不屑。

"说这些没意义，你想怎样？"

我渐渐平静，接受这一切，这个世上我想不通的事很多，不必卡在这一件。

"我知道你是怎么想的，这件事有点复杂，这么说吧，我不是人，我也不是你。"

怎么说呢，看到另一个自己说自己不是人，感觉很怪，但他说他不是我，我稍微感觉好些。

"那你是什么？"我忍不住多嘴。

"我是你的年华。"

说完这句的时候，他面无表情，哦不，他一直面无表情。而我有种刚买的新衣服掉到地上的失落感，我倒希望他是另一个我，他能替我活着，我想去找个没人的地方修身养性。

"你是不是以为我是另一个你？你想得太简单了，我不是任何人，我也不叫周瓶，我就是你的年华，你的过去与现在，和你的影子不同，我是你存在的最新一秒。"

他一本正经，嗯……可能吧，至少看起来一本正经。

"我知道你一时间不明白，没关系，你也不需要明白这些，你只要知道，我是来帮你的。"

他看我低头不语，继续解释这一切。

"帮我？"

在我看来，他除了外貌与我一模一样，没什么特别之处。

"对，你这段时间很颓废，我再不帮你，保不准你会做出什么事来。你心态再不摆正，你就负了我，你若负了我，你就是一个行尸走肉，这是你期待的自己？"

唉，算他有理，暂时说服了我，"怎么帮？"我接受了他的一切手段。

"复习你的过去，让你看看你是怎么走到现在的，让你回到最初的状态。"他说。

"老板，奶茶好了没？"他这句话说了一半的时候，我去前台催了下老板，所以没听完整。

"好了，给。支付宝吗？"老板给了我奶茶。

"对。"付完钱，拿到了奶茶，上面是热的，底下是冰的，我用力晃了晃，均衡一下温度，回到了座位。

"那个，你说什么来着？什么复习？"我猛吸了一口奶茶，把椰果一个个嚼碎吞下，也就此时我心情好了一点。

"我再说一遍！打开你的记忆，回想你的过去。你有这么好的年华你珍惜吧。"

他更加一本正经了，微微发怒的那种一本正经，貌似这事还挺严重，他都这么认真，我也就不好意思态度不端正了。

"行，开始吧。"自己的年华来帮我，我还有什么资格挑三拣四。

"闭眼。"他说。

闭眼？现在一听到别人让我闭眼，我就有种过家家的感觉。

我闭上了眼，希望睁眼能看到一道光。

"睁眼。"他说。

刚闭眼不到两秒，他就让我睁眼，就不能把惊喜好好准备准备？

"人呢？"

对面座位是空的。

"我在这。"他从桌底爬起来。

我的天！

他变成了我4岁的样子。

4岁的我，就坐在我对面，我不敢想象，可就这样发生了，我是该捏自己的脸还是该捏他的脸来证明这是真的？

"失误了，我忘记我坐在凳子上，变成4岁的你之后直接掉桌下去了，你4岁也太低了吧！"他一边抱怨着一边搓着屁股。

他的声音也变成童声，这个场景，

真搞笑。

"喂，4岁你想让我多高？1米3？还有，你能变4岁的我，你能不能变10年后的我？我想看看我10年后的样子。"我急不可耐。

"你到底有没有认真听我说话，我是你的年华，不是你的未来！你活到几岁我最多变几岁懂吗！"他扯着我小时候的声音喊出这些话。

真的搞笑。

"行行行，我的错，你继续，哈哈哈。"我没忍住笑出了声。

他把左脸颊往我的方向一撇，上面有一个不大不小的坑，或者说，疤。

"记得这个吗？"他说。

"记得。"回答得特别无力。我马上收住了笑，摸了摸自己脸上这个坑，这个地方我不会忘。

"是在幼儿园，就因为想要你的玩具，那个男孩挖了你的脸，最后他还哭着跑去老师那里说你欺负他。你捂着脸哭到没有力气去辩驳，回到家也不敢跟父母说，直到他们发现脸上的血痂才告诉他们。"

他说得十分详细，详细得是那么残忍，每一个字都能让我想起当时的情况，在脑海里是那么清晰。

"当时你是怎么做的还记得吗？"他又问我。

"记得。老师让我跟他道了歉，我因为怕，也因为实在不想和老师发生争吵，就同意了。当然，只有这一次妥协。我上了人生第一课。那是我第一次感受到人心的一点恶意，我一向痛恨这种扭曲事实的行为，当时我能避免争执就避免争执，我以为这样就能完全没事，可我错了，一味地宽容忍让只会让别人更变本加厉。从那以后，此类事我没再懦弱过。"

我讲完，又摸了摸脸上的坑，它是我面对不公懦弱的代价，也是我再次面对恶意反手一拳的提醒。

"OK，你还记得，你能明白，我很高兴。"他说。

我低头喝了一口奶茶的工夫，抬头时，他又变回了我现在的模样。

"继续。"

年华从口袋拿出一朵紫色的川崎玫瑰放到桌上，是用16开的正方形彩纸叠的，很好看。

我一愣，一只手扶着额头，深呼吸了一下，尽是无奈：

"哦天啊，别这样……"

相 忆

"别怎样？你以为就只有这个？"

年华不慌不忙地从袋子里拿出乱七八糟的一大堆东西。

乱，但我分得清每一件。

一把锈迹斑斑的美术刀，一件右下角有一道口子的紫色外套，一杯没喝过的圣代，还有两张皱巴巴的连排《夏洛特烦恼》电影票。

"你真是够了，你是哆啦A梦吗？"

每一个物件都刺痛着我的神经，年华这种疗伤的办法真够折磨人的。

"解……"

"停！"

我迅速打断了他，一个字都不想听。

"唯她最深得你意。"年华说。

"也只她最不识抬举。"我接道。

"六年，就算是块铁，砸了这么久也该有块凹痕了吧。"

年华算是在替我抱不平吗？我心里早就叹息了千万遍。

"可偏偏没有。"我说。

这句话我总说，有些事就是这样，"偏偏没有"，你碰上了一点法儿都没有。

"别看那次东西多，但几句话就能说清。"

年华喝了一口奶茶。

"那次虽然久，但直接让你死了心，你反而好受些，尽管也让人很不爽，毕竟三分之一的青春搭进去了，但比你现在的情况好多了。所以那次你也熬过来了，我知道和现在性质不一样，但你要知道，最终，你还是一步一步走过来了。唯一相同的地方就是，你都未曾拥有过，所以你不必如此难过。"

年华这教科书般的话，有道理，但我听得太多了。

"那么，下一件。"

我不想在这件事上多做停留。

不爱一个人有一万种理由，忙、累、去洗澡、不想说话，等等 。

但爱一个人只有一个理由，就是想跟他/她在一起，没别的。

所以，强求没用。

"ok，继续。"

年华捋了下袖子，把右手手心朝下伸了过来，放在桌上。

"你自己瞧瞧。"年华说。

四根手指和手背连接处有些青紫。

我没有吭声。

我没话说。

我不想说。

我不敢说。

"傻！"年华骂道，他不知道我早就想这么骂自己了。

"我说一句破坏现在严肃气氛的话，最起码，树是无辜的。"

年华说这话的时候表情却十分严肃。

"你现在右手握拳的时候还微微发痛吧。"他问。

"嗯……咳咳。"

我有一会儿没说话了，喉咙结痰，回答得很小声，看了看自己的手。

"这件已经不算是过去了，是上个月。这件也是最近把你弄得快精神失常的原因，也是我出现的原因。那么多事你都没有像这次一样。"年华说。

"我微博上看到几句话，人一辈子长大三次，第一次是发现自己不是世界中心的时候，第二次是在发现即使再怎么努力，终究还是有些事令人无能为力的时候，第三次是在明知道有些事可能会无能为力，但还是会尽力争取的时候。这次，是第三次。"我说。

我喝了一大口奶茶，然后把一块儿冰堵在了吸管里。

"这次也是有缘无分，说了那么多，还是怪你自己优柔寡断，顾虑太多，你早点表明被拒绝拉倒，也不会导致现在这么难受。你应该更好地做自己，想想你以前是怎么处理的，为何这次就不行。想开点就没什么事了，你最大的缺点就是放不下。"

年华把我看得很透，谁让他是我的年华。

"该遇见，会遇见。"年华喝完了最后一口奶茶说道。

我心想，我是不是该叫他鸡汤年华，这一大碗鸡汤给我灌的，眼泪都快出来了。

"行，听你的。"我答应道。

"继续？"我问。

"继续，闭眼。"年华右边嘴角微微上扬。

"又闭眼？"

我实在是怕他又变成我的什么样子，或者又拿出一大堆刺刀一般戳我心的东西。

"让你闭眼就闭眼！"

我的年华霸道得不行，比我强多了。

"好好好。"

我闭上了眼，我已经知道睁开眼没有光芒，只有刺刀。

"睁眼。"他的声音响起。

一瞬间，睁开眼，对面凳子上又是空空的。

"你又变我小时候？不会变成我刚出生那会儿吧？"

我问道。

没人理我。

我往桌下看去，也没人。

"人呢？"

我有点慌。

我马上起身打算跑出奶茶店去追回年华，可被老板拦住了。

"你还没付钱呢。"老板说。

"我不是付过了吗？"

我有点生气，"无良饮品"不是吹的。

"你孪生兄弟那杯没付，他来的时候就说算你头上，我开始还以为那是你呢。"

"好吧，不愧是我的年华。"

可他走，也要有个理由啊，我心里一阵悲伤，我最经不起这种不告而别。

我付了钱，走出了奶茶店，四处张望寻找，不见年华的身影。

不得不承认，年华的帮助很有效果，我看开了许多。

远处的情侣们和烧烤摊还在喧嚣着，好像还有对儿情侣跟烧烤摊老板吵起来了，不用想，要么是费用问题，要么是食品问题。

我一看表，已经快十点了。年华刚开始给我发短信，我是带着一堆疑问过来的，他现在不告而别，我还是有一堆疑问。

正想着，一块砖"啪嗒"往我脸上砸过来，像黑幕过场一样，画面一黑。

"啪嗒！"

我被手机从桌上掉落的声音惊醒，睁开眼后马上摸向自己的脸，以为被砖给砸毁了，可抬头一看讲台上的老师还在激情地讲着课，我才放下心来。

"啧，是梦。"心里有点失落，我有点想他。

唉，算了，久违地觉得窗外阳光如此暖人。

落叶，就是树的年华吧。

且去爱

"你们回去吧，孩子交给我，放心。"伯父背起屁大点的我，挥手告别了我的父母，还有我那刚上学的姐姐。

家门口，姐姐扯着父亲的衣角，父亲牵着母亲的手，母亲擦着满眼的泪花。

我在伯父厚大的背上舔着手里的棒棒糖，甜味在嘴中翻腾，全然不知短暂的甜味过后，是八年的辛酸。

我，叫顾蓝羽。说出来你们可能不信，至今为止我还没喊过一声爸爸。

你们别误会，我不是没有爸爸，而是我面对这个熟悉又陌生的男人，喊不出来"父亲"两个字。

我出生在一个小镇里，古老又安详的一个镇子，生死别离的痕迹却让小镇蒙上一层苍白的雾霭。

由于父母工作忙，没有时间照顾我，便决定把刚出生的我送到伯父家，等以后再接我回家。

伯父是个农民，有两个儿子。就这样，伯父多了个女儿。

八年，八年以来，我喊伯父叫伯父，喊伯母叫妈妈。

确实，他们已然成了我的另一对父母，八年来比我那未曾相识的亲生父母做得多得多，在小小的我看来，父母，就是这两个淳朴善良的农民，没有别人。家，就是那栋不大但能遮风避雨温暖我整个童年的土屋子，没有别处。兄弟，就是那两个陪我玩、逗我开心、接我放学的哥哥，没有其他。可能那时我还小，不懂大人的苦恼，只肆虐在自己的无忧无虑里。

父母来接我那天，是我最伤心的时刻，八岁的我紧紧抓着伯父的袖子，用泪水溢出的大眼睛看着伯父，盼望他能想个法子不让我被这两个陌生人接走。可伯父没有，他把我往那两个人的方向推，我绝望至极。

"呜呜呜……伯父，你别不要我……我很听话的……伯父……你为什么……赶我走……呜呜呜……"我哭到哽咽，话也说不清。伯父拍拍我的头："小羽啊，他们才是你的爸爸和妈妈，伯父只是暂时当你的爸爸，你现在应该回到他们身边了。"

我什么都听不进去，我只想留下来，留在这个土屋子里，留在伯母熬的粥的香气里，永远，永远留下。身材幼小的我紧紧抱住伯父，做着对大人来说无力的抵抗。

父亲走了过来，没有费多大力气，一把就把我抱在怀里："走了，爸爸在这里，小羽。"

"不！！！不要！！你不是我爸爸！！你不是我爸爸！！你是坏人！！"我在他怀里用力地挣扎，使劲捶打着他的肩膀，但远不足以改变现状。

伯父伯母看着，眼中满是不舍。"女娃儿，哭啥嘛，长大以后还可以回来看伯父的嘛。"伯父安慰着我。我哭得更厉害了，几乎算是号叫。父亲抱着我，头也不回地向外走去，任由我不停地哭闹。

伯父伯母的身影越来越小，越来越远，越来越模糊，是因为距离，还是眼泪？我不知道，我只知道以后好像很难喝到伯母熬的白米粥了，是那么好喝。

兴许是累了，小孩子嘛，哭闹一阵就会累，我趴在父亲肩上睡着了，醒来之后已经在一个陌生的地方。我在另一个镇的另一个家。不再是土屋，而是精致装潢的大房子。可我，还是喜欢那个土屋子，那种泥土的金黄，而不是灯光的昏黄。坐惯了小木椅的我，在沙发上根本坐不稳。

我沉默了好久，面对着两个陌生却让我叫"爸爸妈妈"的人，还有一个比我大几岁的姐姐。在他们面前，我根本不敢说话，不管如何，我和他们之间永远有一道墙。

时间，真的能让一切都斑驳。

渐渐地，我开始接受，也许是因为越长越大了吧，从小姑娘到一个大女生，很多事也都想明白了。

后来，在别人面前，我可以大胆地说起我的父母。但在父母面前，我还是不敢说出"爸爸"两个字，尽管我们的关系越来越融洽。不是懦弱，是不敢面对。那两个字像鱼刺卡在喉咙里，不上不下，十分难受。

我想有一天，等我更加成熟了，我会笑着说出"爸爸"吧，但不是现在。

这就是关于我和我家的事，我真的成长了好多。

但，还不够多，比如在爱情这件事上，我经历过的那次爱情，也是唯一一次，只是我的一厢情愿自导自演罢了，也许，这根本不是爱情。毕竟这是两个人的事，可不是一个人的话剧舞台。

高三的时候，班里转来了一个男生，因为我是走读生，所以我们经常一起骑自行车回家。时间长了，班里的同学难免会有一些闲言碎语。

"唉你看，顾蓝羽和他是不是谈恋爱了？"

"好像是啊，我经常看见他们一起骑车放学。"

"什么叫好像！一定就是啊！他们怎么会在一起的？"

就是这样，可这些话对我影响不大。因为高三了，我不想有太多进展，虽然我确实有点喜欢那个男生，但我还是想好好学习。他学习特别好，高三下半年。他还和班里其他7个人组成了一个重点培养班，老师特别看重的一个班。我当时觉得他学习真不错，人又好。但这种感觉，还算懵懂，不是很清晰。

直到有一天，天公不作美，下了场大雨，呵呵，其实应该说天公作美下了场大雨。我没带伞，衣服全湿了，他刚好网上买的衣服到了，就马上去取过来让我赶紧换上。

"哎呀你怎么不带伞啊，还好我买的衣服刚好到了，你赶紧去换上吧！"

他一脸关切，也许是吧。从那以后，我开始察觉，我真的越来越喜欢他了，但一直没说破。高考后，他考了我们镇文科状元，而我只比一本线高10分，我只好选择了复读。但在那个暑假，我过得很开心，我和他聊了好多。

他突然把脸转向我："你是不是喜欢我？"

问得如此突然，但我并没有慌张，因为我不知道为这个情况做了多少准备。

"是！"我果断回答。

他低下了头，双肩耸动，笑得不能自已。我们就这样在一起了，嗯，我所谓的"在一起"吧。

他的每句话，他的声音，他的样子，还有他的外形，尽管在别人看来很普通，但我喜欢得不得了。这就是爱一个人的感觉吧。他说他喜欢陈小春的《独家记忆》，后来我每次去KTV都会点这首歌。

"我喜欢你，是我独家的记忆。谁都不行，从我身体中拿走你。"

"我喜欢你！你是我独家的记忆！"我抱着他，像疯子一样大喊。

可他，貌似避之不及，只是尴尬地一笑，可能我被高兴冲昏了头，没在意。但之后的事，让一切都说得通了。暑假过后，他去上大学了，去了武汉。

他说："我会等你一年，加油。"

因为这句话，我疯狂学习。第一次摸底考试就考了全年级第二名。我马上拿起手机给他打电话，听到他声音的一瞬间，我的眼泪止不住地流在脸上，流在心上。他安慰我说好好学习，我一定可以的。

可之后，他像蒸发了一样，我和他渐渐联系不上，一开始还能说上几句话，之后竟然根本联系不到人了。QQ、微信、微博，全都不理我。我开始怀疑，也开始安慰自己。

可能大学比较忙吧？可能他有事吧？可能他手机没电了吧？

可能，可能，可能，可能我在自欺欺人。

直到有一次，我的好朋友看到了他发的说说，貌似是他找到女朋友了很开心之类的，而我被屏蔽了。

那天晚上，我把书包里所有试题都撕了。

后来不停联系他，希望他能说清楚。我仿佛回到了小时候紧紧抱着伯父的那一刻，还期盼有一丝回转的生机。可偏偏没有，终于联系到他了，只不过是一句："是的，对不起。"

我回了句："没事。你幸福就好啦。"

可那天只有身边的路人才知道，马路边上出现了一个拿着手机抱头痛哭到抽搐的女孩。

我不敢让爸妈察觉，不敢让朋友察觉。在他们面前我总是强颜欢笑，一到晚上在自己房间里，在被子里，哭到凌晨。放学回家的路上，昏黄路灯，冰冷桥梁，肃穆长椅，都在嘲笑着我。

我真的幼稚，不吸取教训的那种幼稚。第二次高考，我考了我们县城的第一名。

我想了想，还是放不下，又拨通了他的电话。

他还像往常一样，语气很是高兴，不停祝贺着我。而且，他又带来了一个看似不错的消息，他分手了。我一阵欣喜，头又昏了，想都不想，第一志愿填了他的那所大学。我要去武汉找他。

他说挺好的，以后又能一起回家了。之后，在一个盛夏的夜晚，我们在湖边撞见。他突然加快速度走过来，说："对不起，回不去了。"为什么，为什么，为什么总要给我希望，又狠狠掐灭它。

第二次听到这个回答，我已经恨不起来了。我不会恨任何人，只是，会后悔的。之后就再也没和他联系，每当在校园里看到他和他女朋友散步，我都会一笑而过。

应该是麻木了吧。

后来，我加入了学校里的公益社团，坚持了两年，我真的很想把爱心给别人。

当你对一件事或一个人心灰意冷的时候，就会全心全意放到另一件事或一个人身上，宣泄自己无处安放快要爆棚的情感。曾经我没有感受到爱，所以我不能让别人跟我一样。

每个人都有软肋，但还是要笑着走下去，可能笑得不漂亮，但一定要笑得最阳光。

有些事，忍一忍，总会过去的。

且去爱，勿忘心安。

偏偏

有个可爱的小女孩儿，名字很有趣，叫偏偏。世上有很多事不如人意，所以人们经常提起她的名字。

比如：

"我本该早点给她写封信的，可偏偏没有。"

"在那天晚上我本来是要去接她的，可偏偏没有。"

"那天下雨我本该答应和他共打一把伞的要求，可偏偏没有。"

"父亲走之前我本该在他身边的，可偏偏没有。"

"第五道题我应该选C的，可偏偏没有。"

偏偏也不知道为什么人们后悔的时候总会嘲笑她的一无所有，好像所有的一切都是她造成的。这让偏偏很在意，导致她经常自言自语：

"偏偏啊，你怎么什么都没有？"

"偏偏啊，我怎么什么都没有？"

后来，偏偏也开始像别人一样嘲笑自己：

"偏偏啊，你偏偏什么都没有。"

"偏偏啊，我偏偏什么都没有。"

"别人都有，可偏偏没有。"

我看不下去了，觉得应该说些什么来安慰一下这个懵懂的小女孩，毕竟命运没掌握在偏偏手里。我摸摸她的头，手指划过她黑得发光的小马尾说："偏偏啊，你应该反过来想，别人都没有，可偏偏你有，这样不就好受些了吗？"

偏偏鼓着小嘴巴，她一思考就爱鼓着嘴巴，好像那些心事她都要吞进肚里。

"大哥哥，你喜欢偏偏吗？"

这个问题，着实让我不知所措。

"这个嘛，我也不知道。"我是真的不知道。

"呜呜呜，偏偏喜欢大哥哥，可大哥哥偏偏不知道！"

小姑娘的眼泪"哗"地流出来，大大的眸子掺着泪水"忽闪忽闪"地，就像芭比娃娃，我一下子心软了。

我赶忙蹲下来把她抱进怀里。

心里有些话，还是不能跟这个牙都没长齐的小丫头说。世上有太多事她还没见过。

"唉，傻丫头别哭了，大哥哥喜欢偏偏，很喜欢。"

"骗人！大哥哥现在喜欢偏偏，可偏偏不喜欢大哥哥了！"

"哦呦，真的假的啊？"

"偏偏不告诉你！嘻嘻。"

小丫头一下子挣脱了我向秋千跑去，和几个同龄小朋友玩得欢天喜地。

小孩子真好，瞬间就能破涕为笑。偏偏这样的小姑娘当然招人喜欢。

我多想和偏偏一样人见人爱，哪怕只有一个人爱我也好。

可偏偏没有。

三辞

"临终"

"知道吗？看到自己的名字我还会心酸，听到自己的故事依然会驻足，你让我原谅我还是会心软，可我不能回头了，我没有时间了，我恐惧于有些事情会再来，我再也不敢确定我还能不能依然像现在这样，存在于人世间。"

医院这个地方，承载着新生和消逝，婴儿呱呱坠地，患者孤独老去。

重症监护室里，他躺着，并不安详，点滴敷衍地注入体内，胸口微弱的起伏提醒身边的空气先别急着凉。

四月天咯，阴雨绵绵。

人生病，都是一瞬间的事，癌症来了不会跟你打招呼，发现了已是晚期。

"这老人住在垃圾回收厂旁边的铁皮屋，每天捡捡垃圾，子女不知道哪儿去了，估计没子女，我发现的时候，他就倒在地上，捂着肚子嘴里喊着'痛、痛、痛'，怕是快不行了，大夫，我不是他家属，我就只是刚好路过。"

一年轻人在重症室和大夫汇报情况，不时往病房里看一眼，怕自己承担费用，一筹莫展。

大夫头也不抬，拿着笔写着什么："你不是他家属？那怎么办？医院不是慈善养老院，这老人医疗费谁出？要不你先垫着，找到他家属再说。"然后就转身走了。

"大夫，别啊，大夫！"年轻人急了，大夫不理他，直接走了。

年轻人挠了挠头。往病房里瞟了一眼，发现老头费力地眯着眼，正看着他，嘴巴微微张合，貌似有话要说。

年轻人想了想，觉得还是应该过去听听他会说什么，年轻人走到床边，蹲下身，看着他。

"你想说啥？"年轻人问。

老人慢慢抬起一只手，抓着他胳膊。

"怎么啦？"

老人指了指床头柜上的包，那是他每天随身带着的一个包，用了不知多久，全是洞。

年轻人拿起包，一抖搂，掉出来一小本儿，其他什么也没有。

"这个？"年轻人拿着本子问。

老人点点头，吐了半天，吐出一个"看"字。

年轻人顿时有了一些好奇心。他翻开封面，本子太旧，每一页的角都碎了。扉页写着一名儿——周瓶。年轻人猜这是这老头的名字。再往后翻，是一些日记，有的写了日期，有的没写，有的好像是实在不知道写什么就只有一些感想。

年轻人看着，不自觉小声念出来："我这一生活得全是遗憾。"

"唔，我也差不多……"年轻人心想，到现在也没有一个女孩中意他。

他接着看，下一页只有一句话："怪物是不是活该孤独？"

"活该，等会儿，不活该，算了无所谓。"年轻人小声嘀咕着。

又翻了一页："好久不见，你还好吗？还是那么漂亮，或者，你和我一样，变成了个满头白发的老东西，又或者，你已经离去，呵，你我不是早就没了联系？我了无牵挂地活着，最好也了无牵挂地走。"

"呵，不知道该说这老头痴心还是多情。痴心就是妄想，多情就是多愁，活这么久这都不明白。"年轻人心里想着。再往后翻，没什么了，只是记着些易拉罐一块、塑料瓶一毛、旧纸五分的价钱。

年轻人索性翻到最后一页，还有几句话。

"当你看到这儿，我要么半死不活，要么已经死了，我早该明白，我周瓶到最后无非跟着风散了。我爱的人在我的人生中，在我面前，都以不同方式离去，我也该走了，不管你是谁，你好。"

看完这段话，年轻人才发觉，胳膊上的触感不知何时已经消失。

年轻人赶忙看向老人，老人带着泪痕闭着眼一动不动，不知什么时候，走了。

年轻人把本子一丢，冲着病房外大喊大夫，一边去摸脉搏、探鼻息、听心跳，种种迹象表明，老人刚走不久，确实是已经断气。

第一次，年轻人第一次直面生命的流逝，让他有点头皮发麻，他和这个老人没任何联系，但他却从字里行间看到了满满的遗憾，他抓着老人的手，在大夫来之前，暂时不会松开了。

一会儿，几个大夫和护士进来，把老人抬了出去。

年轻人目送着老人消失在拐角，他捡起地上的本子，找了根笔，想了想，在最后一页写下了：

"周瓶，籍贯不详，年龄不详，无儿无女，清明节，卒于病床，白床单，白被子，白枕头，他欠了一个姑娘的债没还，岁月欠了他的债，没还。"

窗外的雨还在下。

逝去的人儿啊，你化成银河中的星了吧，你一闪一闪地，不要哭泣，乌云遮不住你的一生啊。

四月天咯，阴雨绵绵。

"葬礼"

"我真想参加自己的葬礼，在葬礼上能看到许多活着看不到的东西。"

不记得是哪位名家说过，人死了，就像水消失在水里，悄无声息，归于沉寂。

记得下葬的时候，天阴着。

凉风衔着枯叶，树上的和地上的，枯叶砸在攒动的黑伞上，黑伞的阴影里遮着撑伞人猜不透的脸。一串嘶长的唢呐声响起，像一个人粗暴地撕裂着风，撕裂着空气和雨，湮灭了墓园里所有的声音。黑伞下的表情开始变化，一些人啜泣到出声，再归于啜泣；一些人泛起笑意到出声，再归于笑意。

真哭，假哭，真笑，苦笑，又或许没有情绪。

挖好的土坑前俨然上演着一场话剧，差点让遗像里的脸苦笑不迭，生前看不到的，一并在这里出现。

得罪过的，馈赠过的，感动过的，记恨过的，都来了，看死者在雨中融化，看死者在记忆里说话。

唢呐起又住，却还在众人脑海回响。葬礼主持人一声令下，四个男人抬棺起灵，棺材像一个大号的黑色口哨，又像黯淡的夕阳下山，被沉入葬坑。

泥土、枯叶、蛆虫、花草被一铲子盖在棺上，百年后棺又腐烂成泥土、枯叶、蛆虫、花草。

接着一块儿大理石墓碑立在坑前，主持人宣布了葬礼的结束，如此草草。

黑伞开始散了，零星几把黑伞稍作停留，也散了。

黑伞下一个小女孩一步三回头看着那坑和碑，母亲拉着她匆匆往出口走，突然她挣脱了母亲的手，小跑着要回到埋好的坑前，路上她绊倒了，摔了一身泥，格子裙摆染上了一朵大泥花。

她毫无顾忌，爬起来跑到墓前，在土堆上放了一朵白玫瑰，带泥的白玫瑰，更白。

伞底下的母亲看着，抹了下脸，过去拽起小女孩的手快步走出了出口。

"啪嗒啪嗒啪嗒啪嗒……"雨在泥泞中汇成几股小水流。

水流把白玫瑰冲洗得很干净，它成为死者心里最温柔的一部分，这最后的温柔。

"是谁在说着这葬礼呢？"

独独

小男孩蹲在角落，用嫩嫩的小手指在木地板上画圈，行为古怪。

"嘶嘶——嘶嘶——"指甲盖和肥肥的指肚儿在灰尘堆积的角落画了无数个重叠的圈，其他小孩在玩积木，跳房子，丢手绢。

只有他在画圈，画呀画呀画呀，直到最后他一下子跳了进去，激了好大一层灰。

接着他继续在自身周围画更大的圈儿。

我走过去，蹲下来看着他画圈。他显然没有注意到我，或者根本不关心我的存在。

"独独，你在干吗？"我想让他在画圈之余能说说话，多点乐趣。

"玩。"独独言简意赅

"哦……就是画圈儿哇，画圈儿有什么好玩的，你不和他们一起吗？"我继续发问。

"鲁迅先生说了，热闹是他们的，而我什么也没有。"独独头也不抬，引用了大文豪的一句话。

"嚯呦，懂不少。"我站起来，腿麻了。

"大哥哥。"独独抬起头。

"嗯？怎么了？觉得没意思了吧？"我揉着腿。

"不是，我现在很安全呢。"独独指着圈说。

我一时语塞，一股归属感卡在喉咙。如果这么小的小孩懂什么是真正的安全，想必承受着大把的孤单。

"其他小朋友说我是画圈的小怪物，我觉得怪物没什么不好，可以把别人都吓跑，想怎么样就怎么样！"独独嘟嚷嘟嚷说出这句话。

"独独，你其实是很想跟他们一起玩的，对吧？"我大胆猜测。

独独的小脸和小眼睛越来越红，他抹了一把鼻涕。

"才没有！跟他们玩有什么意思，就知道欺负人！"独独一甩手，又跑到角落里去了，面对着墙。

"大哥哥！你独独不该，独独不该！哼！"

"跟你道歉，给，独独，你要的书。"我把《人间失格》轻轻放在他的圈里。

我转身走了，他还是个小屁孩，需要一点时间。不像我。我没时间了。

他只是太小，词汇量不够大。

他还太小。

纸小姐和油墨先生

"纸舞飞扬"

纸小姐和油墨先生从小就认识。

"我们也算是青梅竹马吧？"纸小姐晃着油墨先生的手，期待着心里的那个答案。

"是。"油墨先生淡淡地吐了口气，每次说"是"油墨先生喜欢用后鼻音，他觉得这样会给人一种老实稳重的感觉。

那年纸小姐十九岁，比油墨先生低一个头加半个肩膀，却比他大一岁，这场在他们意料之内的恋情，虽然两个人都没捅破，但剧本早就在纸小姐心里写好了，演员呢？唔……男演员有自己对这场戏的理解，却没有和纸小姐这个编剧沟通过。

纸小姐对于恋爱，确实是一张白纸，这是第一次有笔在纸上舞动，对于油墨先生，纸小姐的幻想很多哪怕是小时候和油墨先生玩过家家，纸小姐就已经把未来在巴黎居住、去马尔代夫旅游、生个小胖娃娃叫"墨白"、油墨先生每次下班回家自己给他做一桌子菜之类的事想好了。

而油墨先生呢，黝黑的皮肤，黝黑的双眸，脑子里却是一片空白，可能他确实没想那么多，可纸小姐就是喜欢这黑乎乎的一大坨。

纸除了白，就是脆。

后来，由于家里的原因，纸小姐和油墨先生从初中之后，就相隔两地了，中间纸小姐给油墨先生打过几次电话，电话里除了油墨先生表示自己在忙的声音，还有忽高忽低灯红酒绿的酒吧电音。

纸小姐不在乎，只要能时常有联系就好了，他们可是青梅竹马呢。

可感情这东西呢，不沟通就淡了。

电话从一周三次，拖沓成一年三次，后来竟断了。直到纸小姐考了大学，正在家里等着录取通知书。

八月的天气依然十分燥热，纸小姐更是焦躁不安，除了因为通知书迟迟不来，还因为油墨先生好久没有找过她。有时候纸小姐差点放手因为感觉好痛。

后来的一通电话，像止疼药立马见效一般。

"喂？你考完了吧？别在家待着了，出来玩，我就在你家楼下。"油墨先生打来的。

是他！他来找她了。纸小姐刚穿上自己唯一一条连衣裙，上面的一朵朵小花是纸小姐最喜欢的图案，便不顾裙带没扣好，一溜小跑跑到窗口，看到油墨先生在楼下仰着头，傻乎乎地笑着向她招手，那个场景，就像罗密欧与朱丽叶的见面。

　　纸小姐一时说不出话，之前想的一大堆话全卡在喉咙里，变成了一阵阵傻笑，两个人就这么一个楼下、一个窗边对着傻笑，不知道的以为是两个精神病呢。

　　那天下午，纸小姐和油墨先生几乎逛了个遍，什么游戏厅、电影院、KTV、烤肉店，把这几年欠下来的安逸，全都还给了这世界，纸小姐拉着油墨先生的手转着圈，在人山人海的步行街跳着一圈圈华尔兹，而油墨先生呢，从没见过纸小姐这么开心。

　　"喂喂，你看着点儿，别把羊肉串抹我衣服上啦。"油墨先生苦笑着说，没办法，纸小姐太开心了。

　　"走，我带你去个地方。"油墨先生抓起蹦蹦跳跳的纸小姐就往前走。

　　"去哪儿啊，你慢点儿、慢点儿！"纸小姐真的像一片儿轻盈的小纸人，被油墨先生拖着疾行。

　　不一会儿，油墨先生不知道把纸小姐拉到了哪里，总之是一个远离人群的黑暗小胡同，纸小姐虽嘴里指责着油墨先生，但脸上还是笑嘻嘻。纸小姐靠着水泥墙，油墨先生一只手撑在她左肩之上，两个人心照不宣，都知道会有这一刻，但不知道就是今天。

　　油墨先生的脸越来越近，纸小姐能感受到他的鼻息，和淡淡的尼古丁味道，纸小姐的小鹿快要蹦了出来，听到了自己脸红的声音，大眼睛眨巴眨巴的。

　　"你……别做傻事……"纸小姐不敢看着油墨先生的眼睛，只好闭上了眼睛。

"你就是我要做的傻事。"油墨先生的声音就在耳边，直到两唇相吻的那一刻，这个小胡同里，有两头欢脱的小鹿。后来两个人又回到了步行街，谁也不说话，谁也不敢先说话，但纸小姐和油墨先生都知晓这层关系的变化，两个人用眼神交换了身份，以至于从那天之后，纸小姐和油墨先生还一直纠结，是谁先追的谁，都是腼腆惹的祸。

通知书就在几天后到了，好事一来就成堆，不过纸小姐有点儿后悔，她报的大学在武汉，而油墨先生在郑州，如果他们早点重逢，纸小姐打算选离油墨先生近一点儿的大学。

纸小姐一定没看过这句话："千万别为了一个人考去他那座城，如果分开了，你在那座城，会觉得每个人都是他，你会讨厌整座城，想逃离却早已习惯了。"

彼时年少，别多计较。

"墨染心房"

盛夏过半，热恋苦短。

开学其实不早，九月初，可能是因为刚和油墨先生有进展，所以，纸小姐还是觉得太早了，好像还什么也没做，该说的还都没有说。衣服、裙子、日常用品、学习用品……父母大包小包地帮纸小姐收拾好，打算把自己的宝贝女儿安全送上去武汉的火车，嘴里说着女大十八变之类的话。纸小姐心里空空的。

　　父母是不允许纸小姐太早谈感情的，至少现在不允许，又或者，纸小姐看上的人，爸妈都觉得很不合适。

　　纸小姐在路上收到了油墨先生的短信，油墨先生说："我送你吧，有东西给你。"

　　纸小姐左右为难："可我爸妈来送我了……"

　　油墨先生一顿："那……好吧，路上小心，到了给我电话。"

　　油墨先生不说还好，现在纸小姐更加坐立不安，她和油墨先生认识好多年，才刚重逢十几天，纸小姐把多年的期待转化成积攒爆发的情感，她发现自己，再也不想让油墨先生离开视线。

　　到了高铁站进站口，父母关切地唠叨一大堆，仿佛女儿是个生活不能自理的人，纸小姐知道父母的苦心。

　　"知道啦妈，知道啦爸，我自己没事儿的。"

　　纸小姐挥手告别，左手、右手、肩上、背上都是行李，不知道的以为有一大堆长腿的行李正走向检票口呢。上了火车，油墨先生又来短信了："行李真多，你不怕被压扁吗傻子？"

　　纸小姐心跳加快。

　　"你……怎么……"

　　"我看着呢，就在离你十几米远的地方，我带了玫瑰花。"

　　"傻……"纸小姐看着短信，也不知道该怎么打字，呆呆盯着屏幕。

　　油墨先生总能给她惊喜，谁不喜欢惊喜呢？

　　纸小姐心花怒放，她甚至妄想下了火车能看到油墨先生在出站口迎接，虽然这是不可能的，热恋的人都贪心。

到了武汉，一切都是新的，纸小姐脑子里却只有油墨先生这个旧人。虽然异地，但短信、电话俩人没断过，就差把脸伸到屏幕里了。纸小姐把每天和油墨先生的互动，写成日记，她觉得，以后看着这日记，心里应该满是欢喜。

可是，谁知道呢？起码好景不长。

日记被突然赶来看望纸小姐的爸妈偷看了，他们很生气，让纸小姐摆正位置，怎么能刚到大学就开始谈恋爱呢，爸妈勒令纸小姐赶紧与油墨先生断开来往。爸妈坐火车回去之前还在叮嘱，不要再和这个人交往了。

纸小姐嘛，刚18岁的少女，臭脾气，一股劲儿上来了，何况，她真的很喜欢油墨先生，瞒着爸妈继续和他交往，"天高皇帝远，谁怕谁。"纸小姐如是想。

纸小姐本来说好一军训完就回郑州找油墨先生的，但由于学校课程安排紧张，中间只有两天假期，纸小姐便泄了气，和油墨先生商量打算国庆再回去。

"之前说好的！不行，我今天就要见到你！"油墨先生不同意，并且很生气。

纸小姐心软了，拗不过，买了当天的车票。

晚上8点的高铁，凌晨1点终于到了郑州。

这是纸小姐第一次一个人坐火车，平常臆想的人贩子、骗子、小偷什么的都在脑子里蹦出来了，纸小姐忐忑不安，只想快点下车见到油墨先生。

"啪嗒"跳下火车，赶紧拿出手机联系油墨先生，走出出站口纸小姐还盯着手机不松眼，生怕错过一条信息。纸小姐不知道的是，信息是没错过，人却错过了，她从油墨先生面前走过却没发现，油墨先生苦笑着，一直跟在纸小姐后面。

"妹子，住宿吗？"火车站那些推销宾馆的在纸小姐出了火车站之后缠了上来。

"不好意思，我……"纸小姐刚摆了摆手。

"不用了，她是我女朋友。"一双手从后面抱住了纸小姐。

激动、开心……无法形容。

后来的国庆，纸小姐又找了油墨先生，一共9天，俩人形影不离，从武汉的小吃街到郑州的深夜街头，再到山西晋中。去了一次动物园，纸小姐被猩猩、鳄鱼吓得不轻，油墨先生不停地安慰也没用。

直到下一次去找油墨先生，纸小姐错买了第二天的票，又把油墨先生气到了，油墨先生不停在电话里说"蠢啊蠢啊"的，纸小姐自己觉得应该去找他"赔罪"。火车、地铁、公交，又是六个小时。

"喂，我在上街呢，你在哪儿呢？"纸小姐打算也给油墨先生来个"突然袭击"，就像他在高铁站那次一样。油墨先生不敢相信她这么快就到了："你不是买了第二天的票吗？"唔，油墨先生还赌着气呢。

正说着，油墨先生看见纸小姐傻傻地在马路对面向他招手，呆了一会儿后，直接跑过去抱住了纸小姐。纸小姐知道，他原谅她了。

之后的半年，纸小姐不敢想象，情况开始不对了。纸小姐去郑州找过油墨先生五次，可油墨先生没来武汉找过她。

纸小姐有点郁闷，打算电话质问。可短信、电话、微信都联系不上，纸小姐以为欠费了，傻傻地给油墨先生手机充了话费，依然人间蒸发。

纸小姐可以继续喜欢，但她是要脸的。放下自尊的爱情能维持多久呢？爸妈还在一直盯着自己，纸小姐觉得，这也许是某种征兆吧！

大年初四，家家放着鞭炮，庆祝新年，纸小姐呢？她刚刚知道，油墨先生和另外一个女生在庆祝新年分手了，被动的那种。

说永远爱我的是你，说一直在我身边保护我的是你，可最后的大风大浪都是你给的。

油墨先生的墨染尽了纸小姐这张纸，染尽了她的心房，这样的抽身，让纸小姐觉得自己已经烟消云散。

你好好照顾她吧，我自己挺好的。

"纸于墨白"

可怜的纸小姐，就像被人泼了一身开水，先是浑身的火热灼烧感，烧到无处不痛。再是瞬间的蒸发，浑身的热水汽从每一个毛孔冷却。所有的热情、希望、爱恋，漂浮，消散，直至不见。

最后，是彻骨的冷，从内到外，从心到裙摆，以后的纸小姐可能不适合"可怜"这个词，而现在，我不能收回。

纸小姐不开心，叫上最好的闺蜜去县城里玩。纸小姐真的玩得下去？没可能的。纸小姐只是想，再看看她和油墨先生曾去过的地方，再照几张相。照片里，纸小姐右边的空气依然温热，油墨先生当时就是站在那儿，一手摸着纸小姐的头发，一边躲避纸小姐的打。

右边啊……纸小姐的右胳膊不自觉地动了动，朝空气抓了抓。

是幻觉吗？或许，是下意识吧。喜欢会成为一种习惯，不是吗？

纸小姐不想让闺蜜扫兴和担心，忍着没让眼泪流出来，她觉得这时候连眼眸被眼泪泛得发光，都是对自己内心的一阵刺痛。

那天，纸小姐坐了最后一班公交车回家。头靠在窗上，看着霓虹和街景模糊、后退、幻灭。

回家后，迎来了父亲的一顿指责，纸小姐一句也不想听进耳朵。可父亲步步紧逼，仍然在紧锁的门外进行着"谴责"，纸小姐熬不住，快要崩溃，跑到了奶奶家，希望寻找一片宁静，一个避风港。

父亲又追到奶奶家，纸小姐也不想跑了，她累了，那分明是逃。纸小姐在墙边一言不发，满脑子还是和油墨先生的往事，父亲的指责声再大，也大不过回忆，所以纸小姐也并没有听清太多父亲的话。当纸小姐从回忆里神游回来的时候，已经不知父亲何时走掉了，她知道自己陷入了一个无尽的恍惚里，对着白色斑驳的墙，觉得四周静得可怕，她的这段感情，这场初恋，才更斑驳吧。

父亲在的时候，纸小姐没怎么想哭。父亲一走，周围一静，汹涌锋利的情感袭来。纸小姐扶着墙，慢慢蹲下身子，抱着腿，从绵绵小雨，直到大雨滂沱，整个屋子里，下了一场暴雨。

第二天，纸小姐已经不记得自己何时哭到累，累到昏沉，昏沉到入梦了。醒来的时候，双眼肿得和红灯一样。纸小姐不知怎么，觉得应该把一切了结，虽然希望不大。

她机械地拨通了油墨先生的电话，想要一个满意的回答。纸小姐要的不多，只求一个善终。

"喂……"

"喂？"

"……"

"……"

"分手了，就把我给的还我吧。"纸小姐的本意，是想让那个爱她的油墨先生，再回来。

可油墨先生，已经不是那个巷里拥吻说爱她的油墨先生了，他甚至连这句话后面的意思也没听懂，或者说，不想听懂，觉得多余，觉得，麻烦。

"说吧，多少钱。"油墨先生镇定自若。

"啪！"纸小姐把电话一撂，再也不想说话。

这件事，以至于让纸小姐在以后的十几天，都无数次地想狠狠抽自己一巴掌，每想给他打一次电话，就抽自己一巴掌，这样就不想了。

思念到极致，也为了断念到极致。纸小姐终于明白，人不是慢慢变老的，人是一瞬间变老的。但纸小姐还是不敢承认，她和油墨先生再无关系了

正月二十三，纸小姐生日。

这是纸小姐最不想过的一次生日了，哪儿来的兴致。想不到的是，油墨先生来电话了，纸小姐心底有一丝欣喜，欣喜他竟然还记得她的生日。油墨

先生，也正式给出了他的解释，是因为他受不了别人的闲言碎语，也承受不了家里的压力。

"呵，周围人都说我瞎了眼看上你，你又是担心哪般？"纸小姐心里想着，十分无语。开学前，纸小姐去郑州住了三天，不是去找油墨先生，只是单纯的一个告别仪式，向那个人，向这座城。

这三天，油墨先生一直态度不明确，仿佛不想完全断绝，却又是一副无比绝情的样子。也就是这会儿，油墨先生向纸小姐借钱。纸小姐借了，因为以前她答应过："只要你要，只要我有。"

你看，明明是油墨先生先爱她，最后离不开的却是纸小姐。

纸小姐离开郑州的时候，是一个人，到车站纸小姐后悔了，打电话给油墨先生，问他来不来送她，最后一次。油墨先生来了，也许，油墨先生也是这么想的，他们缺一个正式的告别。

进站前，油墨先生表示，最后抱一下，也没想让纸小姐同意，直接就张开了手抱了过去。纸小姐推开了，她觉得，这又是何必呢？可油墨先生不放弃，还是再次一把强行把纸小姐抱进怀里。

古朴的郑州站，看过了千万次这样的离别，纸小姐泣不成声，就那样在油墨先生怀里哭，一直哭。

纸小姐说，送我进站。但这次，油墨先生拒绝了，然后，就走了。

果然对于不爱的人，残忍的模样都一样。最后纸小姐改了油墨先生的备注，连名带姓回到了最初。后来，油墨先生托自己的一个朋友转告纸小姐，他真的和那个女孩在一起了，他很喜欢那个女孩，希望纸小姐不要打扰他们。

纸小姐只是一笑："你不用怕我烦，我也没想过纠缠."

油墨先生，怎么可以对别人热吻？油墨先生，怎么可以对别人倾诉衷肠？怕是油墨先生早已看透了纸小姐，深知已经把纸小姐吃得死死的，油墨先生知道不管自己去哪，什么时候回，纸小姐都走不掉。甚至就算纸小姐试图逃跑，也会因为油墨先生掉几滴眼泪或说几句好听的话，纸小姐就受不了再回到他身旁，所以油墨先生是觉得这样的游戏很好玩吗？纸小姐怎么觉得自己很卑微呢？

油墨先生借钱的时候，说十七号还，可是到了十八号，也没消息。纸小姐终于鼓起勇气，打他电话，却没人接，最后托一个共同的朋友联系他，过了两天，油墨先生加了纸小姐的QQ好久。

油墨先生说他这个人怎么样不用别人来评价，钱一定会还，清明就还。纸小姐很生气："那你倒是还啊！"每次颠倒黑白，每次都把错推到纸小姐身上，纸小姐其实不着急那笔钱，她只是希望油墨先生至少能提前说一声。

但目前这个态度，纸小姐觉得，花一笔钱看清一个人，值了。你可以爱过三五个人渣，但不能爱一个人渣三五次，走错路可能是运气不好，但总往一个坑里跳就是智障！

纸小姐仿佛大彻大悟。纸小姐相信，会有那么一天，她能放下如今的执着和不舍，带着稍许的遗憾，过着没有油墨先生的新生活。

故事到这里，差不多已经结束了

真的结束了吗？算是吧。

直到有一天，纸小姐在武汉的步行街散步，路过一个叫"墨白"的咖啡厅，看到橱窗里喝拿铁的那个人，"是他？……嘖，与我何干？"

纸小姐吹了口气，转身离开。

索性你我一切悲欢止于墨白，所幸终得情衷未染纸于墨白。

一分半童话：寻找劳拉的兔子

她是劳拉，快带她到我的城堡里。她梦见喷火的鲸鱼，她梦见擦皮鞋的松鼠，她梦见在天上飞的衣柜。

这不公平，凭什么她的梦可以这样饱满？而我的梦里只有她。

我变成红眼睛、耳朵上有黑斑点的大白兔，跳过满眼金黄的大风车稻谷，穿过长满紫色问号的灌木丛，和天那边的城堡独眼巨人打一架，被头顶喜鹊巢浑身长蘑菇的地精推到瀑布下。

终于啊终于，在和风庄园的大风车下，我找到了她，我找到了劳拉。

她和一群爱喝东之东葡萄酒的骑士们跳舞，她把忍冬花泡的茶倒进橡木杯里，她戴着鼠李草编织的手环，她的歌声让白果园南方的湖中隐者都为之倾动，她站在守望山顶，看向挽歌谷远方升起的朝阳。

这美丽的场景，连乌鸦窝公国最精湛的画师也无法描摹，我跳到她裙边，用我带黑斑点的双耳去磨蹭她的红姑娘鞋，我口衔清晨第一根抬头的扦维草放到她手中，我给她讲发生在几万里外蜥蜴村的故事，我告诉她我如何历经磨难来到她身边。

她摸摸我的毛发，却质问我为何来找她，我哭红了双眼，不！我是大白兔，我从吊死鬼之树旁出生时眼睛就是红的。

我用尽力气向她行礼，我对她以黑猫崖女神之名发誓，这一切全因为我对劳拉绵延如长面条河一般的爱意，劳拉只当我是个东方来的卑微的兔子，甚至不值得用那银扫把驱赶。

她冷漠地让我离开，冰冷的眼神如同极北之地山上的寒风，我带着红眼睛，一跳一跳地走了。

穿越大群蓝宝石马奔跑的平原，用匕首砍断号哭小径两边的荆棘，从深不见底的暗影深渊爬出来，游过长满绿色橘子的玩具海，回到了我的兔子窝。

我坐在地上，靠在长满青苔的树旁，透过茂密的狼之心树叶看着已经鱼肚白的天，我听你讲了一分半童话。

天亮了，你告诉我什么是爱情。

曾几何时

　　这家酒吧叫"地下铁"，占地一百多平方米，进门左边儿是一个平台，右边儿是吧台，吧台后面的架子摆满了各种颜色的空酒瓶子，中间全是用木头锯的桌椅座位，说起来也别有一番风味。

　　整个酒吧弥漫着佳酿的味道，让人想打喷嚏，平台上面音响、钢琴、吉他、麦克风……应有尽有，是给驻唱歌手准备的。

　　那天来了个驻唱歌手，我觉得很有意思，去向老板打听，老板说是在桥底下偶然听到他唱歌，觉得他唱得很有味道，让他想起了他的初恋，就把他招来了。

　　他穿着都是破洞的牛仔外套，头发很长，刘海遮住了一只眼，整个人略瘦，天天背着他的吉他，不离身。

　　"我看他有点才华，给了个机会。"老板边擦着前台边说出了这些事。这酒吧我也是经常来，除了自己一个人喝酒，就是在这里听歌，我可以这样度过整个夜晚。

　　他引起了我的兴趣，可我目前不想打断他，因为我还要听他唱那些动人的故事，我点了一些啤酒和一桶牛奶，迷离地看着那些灯光闪来闪去，那些光点化成光斑，又缩成五颜六色的光点。我看了一下表，才11点多，不算晚。

他上台了，看起来不是话多的人，第一首他唱了《理想三旬》，接着是《关于郑州的记忆》，我觉得他的嗓音很适合唱这首歌，估计是烟抽多了，也可能是过往经历太冗杂。

可我刚喝完酒，他又唱了首《走马》，他在台上是那么明亮，聚光灯在他脸上划过，又黑暗。

他脸上全是水，分不清是什么，我嘴角不禁向上弯，可我眼角全是泪，我猛灌了自己一口。

中间他下台休息，我拿了两瓶啤酒跑过去，我问他离开家多久了，他说不记得了，反正他出来的时候衣服还是新的，是他妈给他买的。我想起我也毕业很多年了，可还是一个碌碌无为之人，我问他弹吉他多久了，他说蛮久了。

我问他一个月在这挣多少，他说老板人不错，一个月有5000，包吃住。

如果你不喜欢他这个诗人的诗，那你一定会喜欢他这个浪子的余生。

"干杯。"我碰了一下他的酒瓶。"干。"他也说着。

"对了，你叫什么？"

"叫我阿饭吧，因为我小时候没好好吃饭，现在出来要饭。"

"行，阿饭，有点儿意思。"

休息时间完了，老板催他上台，我回到自己的座位，阿饭拿起吉他，他是那样斑驳，如果岁月只是想让一个人成长，那何必以痛，以苦，把这个人折磨得不成样子？

不管阿饭来自哪儿，在这个城市，没有人认识他，没有人感知到他，我却想听听他可能强说的忧愁。

"他说要融春天的麦芽，喝杯秋天的酒啊。"

"你说什么爱情都会变，你说你现在也没有钱。"

"今夜的晚风，你要去哪里，请告诉我。"

所有的故事，所有的矫情做作，所有的欲上层楼，为什么如此幻灭啊，这城市的灯火。

我只听见今晚最后一首，好像是《忆她》。

夜里四点了，我开始游走在现实边缘，恍惚里，阿饭还在台上，又好像已经不在唱了，我扇了自己两耳光，发现阿饭不知何时坐在我旁边的位置上，把我点的酒喝了一半多。

他自顾自说着，我自顾自摇头，他已然口齿不清，吉他也倒在一旁。

"那时有个姑娘，老坐我左前方的位置，每次都点一杯牛奶，也不喝酒。"

"她说她喜欢听赵烁的《忆她》。然后不知道为什么，其他歌我都唱得很快，所以我每天最后一首都是《忆她》。"

"她戴着浅蓝色的发卡，穿深蓝色的裙子，一双大眼睛戴着一副大圆镜框的眼镜，脸胖嘟嘟的，很可人。"

"两年多，每晚她都会来，直到有一天她不见了，我还是每晚都会唱《忆她》。"

"我向酒吧的人打听，他们都不知道她是谁。"

阿饭说到一半的时候，我就睡着了，之后的内容，我根本没听到。

过了一年，酒吧来了一些新的驻唱歌手，摇滚、rap、流行歌曲、欧美风……全涌进来了。

后来，阿饭干不下去了，老板给他上台的机会越来越少，那天我还是坐在我经常坐的位置，阿饭说这是他最后一晚在这里工作了，我说珍重。

他还是和以前一样，唱了一些不痛不痒的歌，最后唱了《忆她》。

"爱若是选错一个人，心又承受何种痛。"

"最后我只能祝福她。丢下她。和寂寞说一说话。"刚唱完，吉他的弦一根根崩断了，他愣在了台上，台下的听众也愣了，谁都没反应过来。

阿饭尴尬地笑笑，换上了一副新的弦，可是刚换上，新弦也都断了，底下一片嘘声，炫目的灯光下，我看不清他的表情。

阿饭只是默默背着吉他去了后台的厕所，那一刻酒吧的空气，让我一身冷汗，虽然酒吧很吵，但我还是听清了嘈杂中厕所传出的号啕大哭。

"我知道，这个世界，每天都有太多遗憾，所以你好，再见。"我在自己的位置上，哼了几声，也收拾收拾，离开了酒吧，我想我是不会再回来了。

有一年我到了海边，吹足了海风。

"沿途不枉为少年，终有个结局圆满。"

他是一个没有良心的旅人

不知名的深山，云雾袅袅，一个旅人闯了进来，就像闯进另一片人世。

旅人和深山一样不知名，他就那样来了，蹚过潺潺溪水，翻越千沟万壑，去远望另一边的山岭。

他能感受到四周里暗自观察着他的飞鸟禽兽，旅人折了一根粗树枝当拐杖，又用野草编了一顶帽子，他的水囊已经干涸，但是旅人兀自高兴，他瞧见了山林中的缭绕人烟。

旅人不知自己从何处来，更要到何处去，他只想看看外面的世界。

他迎面来了一山野农夫，挑着一担芦苇，身后跟着一条黑白的田园土狗。

旅人上前求水，农夫看着他些许狼狈，哈哈几声笑，便笑出了山林中的人们千年的豁达。

旅人求得一囊清溪，道声谢，挂着树枝和农夫交错远离。那只土狗，两边追赶，累得直吐舌头。

旅人行至一条细长的山路，黄土、碎石、野草、山禽的粪便……万物齐全。

他在路旁看到了一束掉落的槲寄生，想起一个流传很广的传说，如果站在槲寄生下，那么喜欢你的人可以不经过你允许而吻你，槲寄生的花语便是期待爱情。

旅人放下槲寄生，他的头顶只有莺歌燕舞的山雀儿，入夜，四周猿狖啾啾，旅人生火的柴堆噼里啪啦，深山里多了一丝尘世烟火。

突然远处传来微弱的鞭炮声，天与山的轮廓烟火乍现，旅人猛然醒来，仍是人间。

他想起曾寄宿过的一户人家，古稀的老妇告诉他，他很像她外出生计的儿子，她说已经很久很久没见过自己的儿子了，看到旅人，有点恍惚。

后来老妇硬是多塞给旅人两张烙饼，旅人推就不过，送了老妇人一张明信片。旅人仔细地告诉她："这是西藏的布达拉宫。"老妇人耳朵不灵了，半天琢磨不清旅人的意思。

旅人就笑着拍拍她已经驼的背，指着明信片说："你儿子，定是在这里，替你祝福呢！"老妇一听，似懂非懂，但她开心地笑了，脸上的褶皱挤成一堆。

次日天光穿过竹与竹的缝隙，旅人醒来发现背包里漏出的干粮，不知何时被野狗之类的动物叼走了，罢了，罢了。

旅人再次背起衣柜一样大的背包，起身往昨晚的烟火方向去了，他常说自己是一个没有良心的旅人，可能只有叼走他干粮的山禽野兽才真的明白，他有时候缺心眼，但他从来不缺心。

后来呢？没有后来了，故事的后来随溪流游远了。

失乐园

　　罗生从大学毕业后赋闲在家有段时间了，他懒，懒得出去看看。

　　一头长发三天没洗，留着一小撮山羊胡，脸上抠了几颗痘留下了疤，上个厕所能盯着镜子照半天，短袖胸前是哆啦A梦，穿着深蓝色的裤头。

　　迷离的视线不知该聚焦何处，在连着切了十几个频道没有想看的节目后，罗生瞬间关掉电视伸了个大懒腰，遥控器随手一丢让它自由落体，瘫倒在沙发上。

　　"哈——好无聊啊……"

　　无聊吗？直到罗生在自己的奶茶店，遇见了一个人，让他再也分不清缘分的好坏。

　　那天罗生实在经受不起长久的空虚，在偏僻小巷找了个没人要的门面，用便宜的租金租了下来开了个小奶茶店，就这样，"罗生的奶茶店"开张了。

　　没错，名字就叫"罗生的奶茶店"，招牌竟然还选用粉蓝相间的卡通字体，简单粗暴。

　　罗生把店装潢得很懒散，大大的落地窗朝阳，夏日的阳光能洒到每一张桌椅，墙上贴满了空白的便签，等待故事的书写，每张椅子都有软到陷下去的坐垫，用慢伤情歌当BGM，甚至罗生自己做的特色奶茶都能把牙甜掉……麻雀虽小五脏俱全。

他根本没想赚钱，只是想换个地方睡觉罢了，所以，他觉得自己一个人要制作和经营太累了，干了几个星期就没有干劲儿了。其实顾客也没多少，经常有很多空位，不过罗生最拿手的椰果奶茶却是所有顾客都称赞过的。

罗生终于开始动了做甩手掌柜的念头，用马克笔在硬纸板上唰唰几下："招聘！招聘！店员一位！男女不限！包吃包住！薪水面谈！"

罗生拿着自己的"墨宝"啧啧两声："一绝！"然后屁颠屁颠地挂到了外面，自己跑回软到陷下去的摇摇椅上瘫着睡过去了。

夏天的阳光暖得人燥，燥怎么办？一杯凉水就浇到了罗生头上。

"哇！"罗生胡乱揩着脸上的水，透过晶莹的水珠罗生看到了一个人。

"美女，你谁？"

终于看清，面前站着一个女孩，一身休闲夏装，牛仔短裤，马尾很长，单肩背着咖啡色背包，大概一米七，眨着大眼睛看起来很无辜，身上有淡淡清香。

可明明就是她干的，罗生却发不起火来。

"我……我是来应聘的，看你叫不醒，我就……"

女孩支支吾吾，罗生咳嗽两声："坐下说吧。"两个人坐到窗边的位置。

"先自我介绍一下吧。"罗生开始学电视剧里的面试官的套路。

"我叫叶修檀，修缮的修，檀香的檀。"

"叶，修，檀？你是佛系少女吗？"

"才不是！"叶修檀翻了个白眼。

"难不成你叫罗生，就真的和罗生门一样，各说各话，真相不明？"叶修檀开始了反击。

"呦，懂得挺多，没错，我这个人就是真相不明。"于是叶修檀又是一个白眼。

"我大学毕业一年，学摄影的，去过几个工作室，气氛太僵硬我待不下去，就又失业了，偶然来到这巷子里看见这里招聘，条件还不错就进来了，要是不行我马上走。"叶修檀说得很委屈，罗生觉得她应该一路没少受苦。

"别别，我没说你不行，你形象还不错，我大学也才毕业一年多，学编剧，摄影是爱好，我们差不多，那薪水呢？"

罗生其实心里觉得自己中了彩票，困意全无。

"你不是说包吃包住吗，薪水嘛，8000？"

罗生灵机一动，往身后一指："喏，那是后厨，自己买菜自己做，目前只有泡面，外面有沙发床，这样，5000吧！"

叶修檀眼角一颤，瞬间起身："打扰了。"

罗生一拍桌子："6000！6000！小姐姐有话好好说！"

看得出来，罗生是真的不想一个人进原料一个人对账到深夜了，求生欲可以说是非常强了。

"7000……别看我是女生，我勤奋着呢。"罗生心里一惊，棋逢对手，妥了。

"额……行！大气！我就欣赏你这种人！店里奶茶可以内部消化，你随意。"

"别，减肥。"

果然，不是冤家不聚头。

"对了，以后叫我罗生就好了，不用叫老板"

"好的，小老板"

"……"

这天罗生刚从摇摇椅上醒来，一阵金属塑料碰撞声加上睡眼惺忪，让他略微头痛。

"叶修檀！嘛呢？！"

"罗生你吃完泡面不会扔吗！这一大堆放了一万年了吧！"

"忙不过来！"

……

"丁零零——"

一位顾客进店："招牌奶茶，中杯，热的。"

"叶修檀！顾客上门！"

"我是员工不是奴隶！在给你打扫猪圈呢！自己招待！"罗生苦笑摇摇头，起身去冲奶茶。

客人站在前台都惊了，小心翼翼地问："我好奇地问一下，你……你们小两口为什么在这种地方开店？"

"小两口？不不不，她是我刚招的员工，业务生疏，不好意思，请见谅，不是我自吹，我们店的奶茶确实不错。"罗生把热乎的奶茶递给那顾客。

"有点意思，下次我还来。"那顾客仿佛对这家店产生了极大的兴趣。

顾客走后，叶修檀终于从"猪圈"出来，戴着两只橡胶手套，穿着围裙，一身污垢："加工资！"叶修檀用尽最后的力气才吐出三个字。

"这样，今天早打烊一会儿，带你吃大排档，感谢你帮我打扫，算是员工福利。"罗生一度装成无辜的样子。

"哼，算你识相。"

几盘肉串、两箱啤酒下来，两个人都有点晕乎乎的，罗生开始找话题。

"你一个人？"

"嗯？什么？"

"我说在这城市。"

"是。"

"怎么打算的？"

"等挣够了钱，给自己一个新的生活。"

"你在我这没什么前途的。"

"我知道。"

"那为什么？"

"有件事一直没告诉你，怕你觉得我另有所图。"

"说呗，我们现在不是老板和员工。"

"进你店的第一眼，我看见你墙上的照片，构图还不错，但是吸引我的不是这个，是下面的文案，比如那张黑白照片，是一只纠缠不清的耳机，底下写着'恶魔与我，不得善果'，还有一张盆栽奶盖，你写着'就算不勇敢，你也要尽力假装勇敢，如果碰见能一眼看穿你的那个人，记住，千万别错过了'。我不知道你照片背后的事，但我能感觉到，你绝不是表面上的这个样子。"

"我没想到，你甚至没看我，就已经把我说透了。"

"罗生？"

"嗯？"

叶修檀两边脸颊红彤彤的："我想吐……"

"叶修檀你撑一下！"

第二天，叶修檀醒来发现自己在店里的沙发上，身上盖着一层毛巾被，旁边是一张鸡蛋灌饼和一杯豆浆，罗生就睡在他的老年椅上，虽然罗生老使唤她，但叶修檀此刻，嘴角还是不禁弯了几下，然后又去接了杯水一下浇在他脸上。

"哇！叶修檀！"

有次叶修檀觉得店里BGM太单调了，就问罗生："你除了宋冬野和陈粒，还会听什么？"

"哦，还有尧十三。"

"噗，还不是一样的，我记得有一段儿你疯狂循环《男孩》。"

"不一样，宋冬野是历经世事的沧桑，陈粒是饱经红尘的张狂，而尧十三，你懂的。至于《男孩》，我就是觉得好听。"

"你还挺有自己的理解嘛，我觉得你肯定有往事。"

"谁还没有几个拿不出手的故事呢，你呢？"

"我？大学谈了个男朋友，我把毕生热情和动力都给他了，后来他还是走了，找了另外一个女孩。"

"这样……"

罗生马上切了一首《关忆北》，放到了打烊。

那天罗生没有告诉叶修檀，他大学时为了追初恋，送她坐绿皮火车一起到终点站，后来看到她朋友圈全是关于另一个男生的东西，仍用着自己送的钢笔。

叶修檀觉得店名太俗了，问罗生要不要改名，罗生懒得想。

"平常都是你做事，你起吧！"

"罗密欧与朱丽叶！如何？"

"厉害了，如你所愿，我美丽的朱丽叶……"

"走开！"

后来罗生联系了装修队，把名字改了，卡通字体换成欧式风格，还有一排小灯泡一闪一闪的，晚上的时候罗生和叶修檀就在外面看着，叶修檀说很漂亮，像一颗颗星星。

罗生说现实点吧姑娘，然后罗生的后脑勺就被敲了。

这天叶修檀25岁生日，罗生惊了："你在我这，干了三年了？"

叶修檀脑袋一撇："好像……是的。"

"呵，生日快乐，猪——丽叶小姐！"罗生故意把朱拖很长一声。

"罗生你滚！"

然后罗生拿出一个礼物盒，用几条缎带胡乱一扎。

"猜，是什么？"

"还能有什么，你这钢铁直男，肯定是化妆品之类的。"

"不对，再猜。"

"不猜了，你打开吧。"

"铛铛铛……"是一张入场券。

"星光胶片摄影展？啊！罗生，你怎么弄到的！我一直想去呢！"

"我知道你一直想去，我排了一天队，就吃了三张煎饼果子！"

"谢啦！"那天叶修檀睡得很香。罗生在前台灯光下坐了一晚，睡不着。罗生在想，上一次这么奋不顾身、一腔热血为了一个人，是何时了？不管了，叶修檀，生日快乐！

第四年的中秋节，店内搞优惠活动，买奶茶送月饼，到最后还剩了很多，叶修檀吃了不少。她有件事一直憋了很久，不敢告诉罗生。

就写了一张纸条，塞进了一个月饼盒，放到了罗生桌上，最后她用尽力气可算想了个理由出去静静，给罗生时间，也给自己时间。

"罗生，我出去买点东西。"

"哦，去吧！"

叶修檀回来的时候，看见那盒月饼已经被吃了，心里忐忑不安，怕罗生会有什么大情绪。

打烊后，罗生从后厨出来，端着康师傅红烧牛肉面。

"叶子，这个月工资先给你结了。"

"不用了，我干完这个月再说，月底还早。"

叶修檀有点发抖，她知道，罗生已经看过纸条了。

那封信，算是辞职信吧。叶修檀的爸妈叫她回去，说给她找了个好点的工作，还给她介绍了一门亲事，她从小就是个三好学生加乖乖女，无法拒绝。罗生也曾告诉过她，让她现实一点，先能养得起自己，这件事她用了巨大勇气才敢告诉罗生。

"下个月，我就走了。"

"好，有缘再见咯。"罗生的语气是那样的轻快，叶修檀也不敢想是真的还是装的，她觉得她更难受些。

叶修檀离开的那天早上，罗生从摇摇椅醒来，后厨没有响起熟悉的打扫声，也没有一杯凉水泼在脸上，罗生用手干洗了一把脸，好像在做梦。

他仍记得辞职信的最后几句话："你是个很好的老板，虽然你有时候会骂我，还老使唤我，但我记得那天我喝醉你把我背回来，还有那次我放错了原料，我慌得不行，你点头哈腰给顾客赔礼，还跟我笑着说没事。罗生，我一直表现得像我什么都不想要一样，其实是因为我从没得到过我想要的，如果有人愿意爱我，我也愿意和过去握手言和。罗密欧，再见了，朱丽叶留。"

旁边还有一罐昨夜喝了一半的啤酒，罗生一饮而尽。

罗生把店关了，贴上封条"暂停营业"，回到家里的沙发，堕落了两个星期，想了想，给爸妈打了个电话，表示他愿意去他们安排的那个公司工作，爸妈很高兴，夸儿子终于懂事了。

罗生不高兴，自己就是个幼稚的大男孩，他当初开店是为了给爸妈做样子，后来叶修檀的出现让他的意义变了，再后来叶修檀的离开，甚至让罗生不想再营业了，罗生也不知道为什么，他自己一个人明明也可以继续，但就是像一根鱼刺卡在喉咙一样。

那年罗生30岁，升了总经理，事业开始有了起色，仍是孤身一人。

手机来了条熟悉的短信，熟悉的语气，熟悉的号码。

"罗生，这里叶修檀，下周三我结婚，你要来啊！"罗生一笑："好！"

婚宴上，叶修檀一袭白纱甚是惊艳，罗生却看到了那天大排档她吐了一地的样子。

只记得，罗生喝了满场最多的酒，趁叶修檀去别桌敬酒时，转身离去。

也许新郎给了叶修檀一个未来，但罗生觉得他也曾是不可替代。

叶修檀，现在的你，应该和过去握手言和了吧？

罗生才明白，故事的结局，总是难以篡改，无论你多沉沦那过程，终归是要靠缘分。罗生知道他和叶修檀都不曾勇敢，但叶修檀，就是那个能一眼看穿他的人。

可还是错过了，过错可以改，那错过呢？还能遇到吗？

灼灼

凤凰是两只鸟，凤为雄鸟，凰为雌鸟，所以才有凤求凰一说。

在还没有文字的时候，人们经常看到凤凰一同飞过天际，凤头顶的三根金翎发出刺眼的火光来取悦凰，而凰的九根尾羽像超大的火扇，把半边天烧得通红。

凤凰缠绵翻飞于九天之上，嘶鸣响彻天地，听到的万物都不由驻足。

它们住在群山那边的一棵遮天的梧桐树上，那梧桐的树盖如同一大片叶子组成的云，提供了数十里的荫蔽，梧桐是万树之王，可知时知令。而凤凰是百鸟之王，除了凤凰没有其他鸟敢停在梧桐树上，凤凰体内有整个宇宙，非梧桐不栖。

那天日落黄昏，群山的轮廓被夕阳显出一条明亮的红线，凤在梧桐的枝丫上苏醒，轻轻舔了舔自己的赤羽，旁边还有没吃完的食物，是凤给凰逮来的一些野味和水果，凤四处张望，不见凰的影子。

它试探地对天叫出凤凰独有的声音，希望凰能感知到，可是没有回应，以前凤呼唤凰的时候，凰就会从远处的山边飞起，像一团大火球。

凰有时会趁凤睡着，飞到远方去喝海水，或者飞到百鸟群中接受百鸟的簇拥膜拜，这会让凰很舒服。

凤的翅膀大到可以遮住半座山，而凰的体型是凤的一半，它再次发出鸣叫，两根巨翅呼的一声旋起，带着凤庞大的身躯飞上了云霄。它飞行造成的大风把地上的花草野兽吹得东倒西歪，凤飞遍了九天神州，焦急的哀鸣如雷轰鸣，滚滚东去的江水也为之倒灌。

可无论如何寻找，仍找不到凰。黑夜已至，凤浑身都是炽热的火焰，还在寻找。它在漆黑夜空像一团流火的陨星，把无尽黑夜照得通明，凤头顶的金翎不停颤动，感知凰的气息。

与此同时，东海的岸边，有隐约火光，地面多了一颗几丈高的蛋，蛋已经被烧得焦黑，方圆数里的土地也被烧尽，冒着浓烟，蛋表面有滚滚火纹游动，有赤红滚烫的岩浆覆盖在上面。

仔细听，里面隐约有心跳声，沉闷而规律，一声一声，在这永夜很是奇异。

凤发现了东海的异样，全速飞去，它看到了凰的蛋，它明白了，凰大限已至，不得不欲火焚身，等待涅槃。可是涅槃之后，就是一只全新的幼凰，没有了之前的记忆，凰还是那只凰吗？还是那只凤追求了几千年飞穿了九天的凰吗？

凤用巨大的翅膀护着那颗蛋，不住地叹鸣，就那样过了九九八十一天，凤失去了一身的华彩绚丽，为了那一清脆的破壳声。

"啪！"蛋顶裂了一个小孔，然后裂纹越来越大，一只小脑袋钻了出来，凤兴奋地围着蛋飞了好几圈，那只幼凰全然对凤没有感情，一下子撑破蛋，飞了出来，朝群山远去。

凤在后面紧紧跟着，它不知道那已经不是它求的那只凰了，可它还是紧紧跟着，万里的长野天空，又出现了一对上下翻飞的凤凰，世间的所有鸟类对着他们发出崇拜的鸣叫，无论是杜鹃、乌鸦、喜鹊，还是比翼鸟。

凤凰的后面跟着成片的鸟类，远看像一大团会运动的乌云，凤完全不在意，它只想跟着凰，它很疑惑凰为什么不搭理它，凤用力颤动着头上的金翎，把金光照到下方几千丈的地面，照到了神州大地所有人的脸上。

那时候还没有文字，看到凤求凰只当是神兽保佑，人就把凤求凰的景象刻在图腾上，人感到奇怪，是不是人也和凤求凰一样，求不到的才是最爱的。

嘴硬

毕业两年了，有天我本来闲在家里，看了一天的书，正想着该如何消磨剩下的时光，一个认识十几年的老友突然打电话过来，我大概和他五年多没见了。

"在家？"

"嗯。"

"下楼。"

"哦。"

"你想吃点儿怀旧的还是……烧烤？"

"怀旧的吧。"

后来我俩发现以前学校门口的"怀旧"小吃都搬走了，我说："算了，烧烤吧。"两个人屁颠屁颠找了个新开不久的烧烤店。坐下之后，熟练地点了老三样，羊肉串、土豆、拍黄瓜，又要了两瓶酒，然后我俩就开始谈天说地了。

说着说着，我们还是不免俗地说起了各自的感情状况。老友已经和前女友分手两年多了，由于之前我们都是朋友，所以我有他前女友的微信。我想起两周前他前女友发了个朋友圈，大概意思就是人际交往出了些问题，包括情感和友情上面的，其表示和人相处很累，决定还是专心工作，大有万念俱灰的意思。

我就把这条翻出来给我这老友看了，我以为他知道的，结果他一脸惊讶。

"啊？我不知道啊，前一段儿我才发现她给我删了，什么时候删的都不知道。"我就"哦"了一声，再也不提这事儿，然后把手机收了回去。

我问他你还难受吗？放下没？他一脸不屑："切，早放下了，分手前一段儿我难受劲儿就过了，分手的时候毫无波澜。"

"厉害！"

这时候老友来了句："来来来，你再给我看看那条朋友圈。"我笑了一声，把朋友圈找到，手机给了他，老友足足看了有十分钟。

我就一直吃着拍黄瓜喝着酒没管他，我正吃得起劲，也没注意他看了多久，就听见手机突然往我这边一撂。

"神经病呀……"我骂了一声，我又问他，"看完了？"

"看完了。"

"怎么说？"

"这有啥，估计就是跟人闹矛盾了突然心烦呗。"

"哦。"后来我俩吃吃聊聊，一直从晚上七点到十点多。我到家已经十一点多了，洗完澡就躺床上继续看我的书。

凌晨两点多，手机突然一响，来了消息，我一看，还是我那个老友，他问我："那条朋友圈什么时候发的？"

"15号"

"这个月？"

"这个月。"

"你截个图。"

我一脸无奈，截了个图发给他，等半天没回，我继续看我的书，又是正看到兴起的时候，他来消息："这什么鬼，这不像是跟我说的。"看来他已经把那条朋友圈每个字都斟酌了一遍。

我苦笑着慢腾腾地回他："可能就是普通人际关系出了点问题吧。"

"哦，好吧，睡了。"

"晚安。"

那天晚上睡没睡着我已经忘记了，那不重要，重要的是，人真是个复杂的动物。嘴上说着，心里怎么想的只有自己知道。

他说早放下了，然后翻了她的动态千百遍，你说早放下了，然后晚上还是会想那个人到睡不着。我说早放下了，然后把以前的破烂故事又跟别人讲了无数次。

真的放下了吗？但好像，除了放下也没有别的选择了，而我又瞒着所有人偷偷爱着谁很久呢？体面有时候，真的很难做到。

嘴硬到底是什么样子？大概就是分离的时候明明眼睛都红了，可还是装成恶狠狠的样子，对那个人大吼："滚啊！我说滚啊！再也别回来了，明白吗！"

演唱会

这场演唱会开在市体育馆，门票卖得不多不少，唱歌的歌手不是很火，但也算小有名气吧。

女孩是被自己的男朋友拉着去看的，本来那天说好要去看电影，结果男朋友突然说很喜欢这个歌手的歌，感觉歌词很棒，就拉着女孩去听了。

女孩是拒绝的，也有点生气，但也不是什么大事，就随了男朋友。

其实还有一个原因，那就是这个歌手，女孩认识。不仅认识，女孩还希望最好没认识过，估计那个歌手也是这么想的。

所以他原创的一首歌《像星》里写着："你像星星，也像我的眼睛。你放光明，我却看你不清。"

男朋友买了VIP的座位，挺贵的。不过很靠前，那个歌手的样子看得很清楚。男朋友开心地用手机疯狂拍照和自拍，发了一堆朋友圈求赞。

"今天和我家小宝贝去看演唱会啦！"下面是一张角度蛮丑的两人大头照，女孩靠在男朋友肩膀上，没有照片里那么开心。

她静静地看着台上轻声歌唱的男生，想起以前很多不愿再想起的事。

女孩和男生是在大学里认识的，那时候她刚大一，男生大二，不过男生已经是学校里比较出名的人了，因为他唱歌很好听，也自己写歌，拿了不少大奖。男生虽然长得不是很帅，但也算干净阳光，也有不少女孩暗送秋波给他，他都没有回复，只是安心玩自己的音乐，直到他遇到了刚进大学的女孩。

他瞬间觉得自己写不出什么好歌了，他的心思全放在她身上了，几个月也没有新作品出来，那天沉寂了几个月的男生突然背着吉他去女孩宿舍楼下，开始了最俗套的唱歌表白。

"这首歌叫《像星》！是我写给你的！做我女朋友吧！"男孩的喊声吸引了一大堆学生围观，男孩深情地唱完了这首歌，声音很大，这件事甚至还成了小新闻上了当地报纸。

那天男孩说，他用了很久，终于写出这首《像星》，因为他看到女孩的时候，觉得她和夜空的星一样，触手可及又不可及，闪得自己眼都花了，但还是觉得美。

后来女孩红着脸下了楼，羞羞地答应了男生，男生吉他一丢，紧紧抱住了她。女孩觉得，能写出这么美的歌词的男生，实在是太温柔了。

后来两个人一直甜蜜蜜的，男孩大大小小的事都很殷勤，把女孩当口里的蜜一样。这段时间，男孩也写了不少歌，一首一首唱给女孩听，可是女孩还是觉得《像星》最好听。

后来的故事就很无聊，也很平淡无奇了，男生毕业那天，最后一次给女孩唱了《像星》，两个人没有计划好未来，也害怕异地恋。

在火车站，女孩提了分手，她觉得男生太懦弱了，晚上女孩一直在哭，用了好几盒纸巾，直到再也哭不出来，她已经打算把他忘掉了。

"宝宝，发什么呆呢？"男朋友一只手顺着自己的头发，女孩的思绪瞬间回来了，她的腿有点酸，台上的男生依然在唱着，不过后面的很多歌，女孩都没有印象了，只是一些乱七八糟的旋律在脑海里，女孩只记得第一首的《像星》。

台上的男生好像也看见了女孩，只是愣了几秒，不过他马上又把视线换到别的方向去了，女孩貌似听出，之后男生的声音里夹杂着一些哽咽。每一首歌台下都有数不清的闪光灯在摇晃，星星点点，像夜晚来到地面一样，演唱会持续了五个多小时，观众席快走空了，男朋友也累了。

"走吧，我带你去吃夜宵。"女孩舒了口气，点了下头，两个人也起身离开了体育馆，男朋友一直在旁边说着自己有多喜欢这个歌手，自己听了多久他的歌，直到男朋友无意问起："你觉得《像星》这首歌好听吗？我超喜欢这首，比较撩人。"

女孩想了想，觉得说好听也不合适，说不好听也不合适，最后回答："嗯……还行吧，也就那样。"

男朋友有些沮丧："好吧好吧，今晚吃点儿啥呢？"

女孩没什么胃口，想找个借口避开这个话题："都是你说要看演唱会，结果饿到现在，电影也没看！"男朋友在旁边不停道歉和逗着女孩，女孩假装生着气，她觉得男生拼命安抚女朋友的样子很可爱很温柔，他曾经也是那样。

这时男朋友抬头一指："快看快看！别气了亲爱的，今晚的星星多好看！"女孩仿佛看见有一条银河在头上流动，满眼都是泪花，星星美到不像话。女孩有些明白了，有的人出现是为了让自己长大，然后好好地和另一个人共度余生，就像他说自己像星星，可现在陪着自己的人却是别人。

演唱会结束之后，空荡荡的体育场，歌手抱着吉他独自坐在台上，他也在抬头看着星星，却没人知道他在想什么。

在可以容纳几万人的空地中心，男生又唱了一次《像星》，唱到最后声音沙哑，转身离开。

"你遗憾吗？关于我们。"

尾行

　　他刚买完小熊饼干，走出超市，一口咬掉了一只耳朵，可是风太冷了，他只能露出两根手指去拿饼干。

　　从超市走到家里的路还有十几块儿小熊饼干的长度，他三口才吃掉一块儿，冬风吹得他喘不过气来，他快不能呼吸了，胸口起伏不定。

　　如果说所有幻想都是基于现实，或缺斤少两的现实，那么左前方背对他走路的女孩一定是他梦寐以求过的类型。

　　黑长发亮的头发垂到腰部，背着黑色、半个她大的旅行包，黑色带白格子的外套，还有稍显身形的牛仔裤，脚踝露出了淡蓝色袜子的一部分。

　　她直直地走着，他直直地看着，一前一后，如此巧妙的默契。

　　他不知道手里吃了一半的小熊饼干捏了多久了，或许是从这邂逅开始的一瞬间。

　　他很愧疚，也有点自责，这很自作多情外加一点讽刺。他觉得自己是个猥琐的尾行狂，竟然把前面的女孩背影分析得面面俱到，虽然他知道这一切的猜想都如此不礼貌。

　　不对，他晃了晃被风吹痛的头，他也许是尾行狂，可是谁让这女孩和他顺路，这不能怪他，下意识把周围人的特点一一细数是他的习惯，这有助于他度过无聊的每一天。

女孩走得不快不慢，反而是他放慢了步子，因为他走得太快了。这速度让他有点别扭，仿佛是在游泳池边走路，他是个急性子。

女孩走得很优雅，像湖中的白天鹅，脚踩在石板路上只有轻轻的摩擦声，她手放在两侧，包裹在厚厚的外套袖口里，走路时摇摆幅度并不大，这让他更加欣赏，他觉得她身上的一切都恰到好处，哪怕他只看见她的背面。

他开始了一阵联想，她正面好看吗？她从哪儿来？她要去哪儿？她会不会知道后面有个人？她一定很漂亮。

他想起了上学时期喜欢过的一个女孩，他把那个女孩当成这个女孩，以此舔食这求之不得的似曾相识。他越来越好奇了，可是他就是不想去看。

太冷了，太冷了，他放弃，如果不是冬天，他也许会多想一些事情。他加快了步子，超过那个女孩，交错的一刻，他没有转头试图看清女孩的脸，因为他觉得没必要了。而女孩也只是有点惊诧地偏头看了看身旁经过的大男孩，每个冬天的行人都放缓了动作，却用情绪在和他人藕断丝连。

他走着，这次他在前面。不过他没法走路了，没法好好走路，他时刻在意着先出左脚还是先出右脚，导致他做出了一系列很滑稽的走路姿势，像个腿脚有问题的脑瘫人。他的手也开始不听使唤，感觉拿着一盒小熊饼干实在是太蠢了，他一会儿放兜里，一会儿又拿出来，树上的野猫看见他一定在嘲笑这可怜自卑的两脚动物。

他受不了了，埋着头继续走。突然一股带着清香的风从左侧铺满他的左脸，继而吹到他的右脸。那女孩超过了她，继续向前走着，和开始一样的动作。

糟糕，这让他浮想联翩。

他再次陷入两难，他吃掉手里的小熊饼干，又拿出一块儿吃掉一半。鼻子通红，脸也通红。

直到一个岔路，他们终于分开了，说得就好像他们在一起过一样。他的小熊饼干只吃了三四块儿，因为他浪费了大量时间在无意义的臆想中，不过只要他愿意挥霍，也不算无意义。

回到家躺在床上，多么温暖，温暖地让人能释然一切，于是他释然了。

他还在想着那个女孩会长什么样，突然他一声发笑，他貌似想明白了，原来那个女孩的正面，是谁都可以。

他拿起一块儿小熊饼干一口吃掉。

月

　　他是月亮，每天的工作就是晚上出来露脸，用自欺欺人的方法从太阳那儿借的光照着黑暗的夜晚和地球表面，哦不，是自欺欺月。

　　简直太无聊了，每天都是重复的工作，围着地球转啊转，星星还是几亿年不变的那些，偶尔有彗星划过给他带来点惊喜，可是茫茫宇宙他早就看腻了。

　　月开始把注意力放到地球上渺小的人类上，他们好小，比数万光年外的群星还小，是人类多，还是星星多呢，月有点好奇。

　　他清楚人类的传说，据说月身上每一个坑都代表一个人类的愿望。月不知道这传说从何而来，但他知道身上的坑不过是陨石撞击产生的，"真是一群爱寻找寄托的生物呢"，月这样想着。

　　月看见有的人类向他跪拜，有的人类往他身上发送奇怪的机器，有的人类说他引起了潮汐，有的人类说他身上有兔子和蟾蜍，还有叫嫦娥的仙女，月觉得人类好像比他自己还要了解他。

　　月在一个人类迷路的时候洒了几片月光给他，在两个人类深深亲吻的时候招来几片云遮住他们头上的月光，在人类向他许愿的时候把自己鼓得圆圆的，在狼群狂欢的时候又收腹把自己缩得很尖，月觉得做这些事很有意思。

但月有点不自信。他的光是从太阳那儿借的，没有太阳他只是个黑黑的星球，他觉得地球只需要太阳就足够了。

月有点烦闷，开始扰乱自己的周期，一会儿来个月全食，一会儿让云把自己挡个一星期，一会儿让夜晚长几个小时，一会儿憋红了脸来个红月当空，一会儿离地球超近来个超级月亮。人类并不知情，觉得是不是世界末日要来了，就像玛雅人预言的那样，月亮开始出现异常。

人类开始慌了，就连普通的洪水和火山爆发也开始归咎到月头上。月也慌了，他发现自己闯了祸，他找到太阳，求一个弥补的方法。

太阳跟他说："我们都是宇宙里渺小的一粒沙子，必须按照宇宙的规则来运行，否则宇宙会惩罚我们的，不存在需要太阳不需要月亮的事情，你看见底下那个因为事故双目失明的小女孩了吗，每次我出现她都会拉上窗帘，因为我太亮了，她的眼睛会痛，而她的父母每晚都会陪她在阳台看着你，许下很多渺小又伟大的愿望。"

月好像明白了什么，却又说不出明白了什么。后来月经常去关注那个小女孩，他看见她的双眸像蒙上了一层雾一样，白里透着灰，不过仍然能透过月光的影子，但她总是需要费好大劲才能摸着墙走到阳台。

那晚小女孩对着月说："月亮，我有一些悄悄话要告诉你，我白天什么都看不见，但我能看见你，你挂在天上像一个白馒头，爸妈希望我早日恢复视力，但我可能再也看不见了，你能当我的眼睛吗，帮我看看外面的世界，对了，我一直想去北极，看看那里的冰山和极光，一定很美，对吗？"

月让月光忽闪了两下，就当是点头了，他希望小女孩能看懂，月招来两只大雁从面前鸣叫着飞过，他觉得这样的美景小女孩能看到。

后来月除了正常周期运转之外，还把月光洒到每一个角落，夜空下埃菲尔铁塔的灯光、皓月当空的爱琴海面、白雪茫茫的富士山顶，当然了，还有绚丽的北极光，全都存在了每一道月光里，月把月光投射到小女孩的眼睛里，小女孩惊奇地发现看着月亮的时候能隐约看见很多世界上美丽的夜景，她从来没有这么开心过。

"啊月亮！你听到了我的悄悄话了是吗？"小女孩开心地拍打着窗框。

感觉真好，月心想。

月开始越来越爱这份工作了，尽管它没什么变化，尽管它还是那么无聊，永远是那些看了几十亿几百亿年的繁星。

月仿佛找到了作为一个星体的意义，他照耀着地球上的大多数生灵，和坚强活着的少数生灵。

当阳光陨落，纯白无瑕，月光才是晚上干枯的灵魂最大的慰藉。

只记得人类欢呼的那天，月亮还没有那么圆。

三个梦

高中

我坐在最后一排，清晨的阳光把窗边的学生镀了一半金，阳光自然照不到我，我一偏头，发现我竟然还有同桌，啊，这个人，怎么描述呢？我不该说出名字，至少在这里不能，对，我不能，因为我实在是害羞，或是，害怕？

满脑子琅琅读书声，我知道这是梦，因为我同桌的出现很好地证明这一点，现实中，这个人不可能是我同桌。我同桌在大笑，我不知道在笑什么，总之这个人大笑也要捂着嘴巴笑，真奇怪。

这是语文课，因为这个老师我很面熟，但我想不起来名字了，他肯定是个很优秀的人民教师，无论从师德还是教书上来说。我不知道是我自己想不听课的，还是说我在梦中故意仿照高一的时候，我拿出了笔记本电脑，如同拍砖一样放在桌上。

等等，笔记本电脑？太夸张了，高中怎么可能让带笔记本电脑去教室？不过，这是梦吧，梦里发生什么都是理所当然的。我开始玩起了游戏，前面的学生听课很认真，我同桌也是，老师也没管我，我快要通关的时候游戏的音量突然增大几百倍，同学和老师都朝我这里看过来。

该死！我明明调了静音的，我感到无比的尴尬，梦里竟然也会尴尬。电脑后面开始蹦出好多布娃娃，有两米高的小黄鸭，还有几百个哆啦A梦，把我的视线全遮挡了，我不耐烦地把布娃娃一个个挪开。

语文老师开始批评我，我开始冒火，狠狠一拍桌子站起来，惊得别人一颤。

他见状很生气，摔门而去。

这时候前排有个莫西干头的同学回头狠狠瞪着我："你放学别走。"他脸上痘很多，但是肤色很白，我知道我见过的每个人都是由无数人的脸部碎片组成的，但有些人的面部特征令我难以忘怀，即使是只有一个鼻子。

我没在意，继续打游戏。过了一会儿他过来寻衅滋事，把我的电脑搬起来砸了，又对我推推搡搡的，我无所谓，因为我动不了手。

梦总是掐头去尾的，我只记得在梦境消散前我做的最后一件事，是和我同桌聊起了电影，一直聊一直聊，直到真正的阳光照在我脸上。

我熟悉这感觉，这叫空心的梦，做完后总是会怅然若失，其实自己本身什么也没得到。

我想，怕是只能以这种方式重逢了吧。

猴子

　　我在游乐场，人超多，大人和小孩儿，男孩和女孩，我只知道，我需要抓住一只猴子，我不知道它具体在哪儿，但肯定在这个游乐场的某个角落。

　　并不清楚我为什么要去抓一只猴子，也不清楚是谁给我下达的任务，也许猴子身上有什么重要的东西，又或者猴子本身就很重要。

　　茫茫人群，我毫无头绪。飞天轮底下有很多穿着可爱恐龙服的工作人员在发传单，一只小小的黑影把他们的传单撕碎，又从他们的恐龙大脑袋上蹦进了鬼屋里，没错了小伙子，就是你。

　　我跑到鬼屋门口，猴子不见了踪影。

　　"啊！"鬼屋里尖叫连连，它从一个骷髅的脖颈上对我做鬼脸，示威吗？我冲进鬼屋。

　　昏暗的深处有蓝光、绿光、红光，照在各种"鬼"脸上，仿佛它们会在你经过的时候扑过来，我不去管那些机关，闷着头往里走，好冷。

　　猴子在通道护栏外的棺材堆里上蹿下跳，我并不气，我只想抓到它。我翻出护栏，把棺材撞得吱呀作响，这死亡碰撞的声音，在寂静的鬼屋里十分冲击人的心灵。

　　它灵活得不行，像一块儿肥皂，有点本事。

　　它跳进了下一个房间，我掀开门帘，房间天花板挂满了假死人，我慢慢走，不放过任何细微的声响。我快走出房间，仍找寻不到猴子的踪迹。

　　那个假死人姿势很奇怪，我伸手去碰，快碰到腿时，它吱吱吱挣脱了绳子跑出了房间，它竟然装假死人，我追出去，它已经离开了鬼屋，我再难寻它身影。

小孩子们用气枪射爆彩色的气球，抱着各种各样的布娃娃，小女孩被妈妈牵着手，舍不得一口把手里的冰激凌吃完，用舌尖小心翼翼地舔着它的顶端。

一只毛手瞬间抢走了冰激凌，踩乱了小女孩的马尾辫，窜到了雪国主题的过山车轨道上，爬到假雪山的最顶端，猴子学着小女孩用舌头舔着冰激凌顶端，是那么小心翼翼，舌头一定很冰吧。

我跳上下一班过山车，我感受这高度，我想跳跃，我不能跳跃。

过山车咔咔咔地爬上上坡的最顶点，原来梦境里的心脏也能跳到嗓子眼。

过山车要开始冲下去了，猴子吱吱吱大叫，它比我还兴奋，它超兴奋的。

过山车如同奔袭的长龙冲下高坡，在雪山四周盘旋，我快要融化了，雪山顶的雪真的在融化，冒出很多白汽。

猴子看着我翻飞，你也想感受一下吗?

在一个倒挂金钩大回旋的最顶端，我的食指够到了它手中冰激凌的尖尖，我尝了尝手指上的冰激凌，香草味的。游客们在天上大喊大叫，毫不在意雪山顶的猴子和溅到他们袖口的冰激凌，他们的肾上腺素快爆掉了。

接下来是连着三个大回旋，我在第一个回旋顶端抢到了猴子的冰激凌，我超热情地吃了一大口，猴子气得跳脚。

第二个大回旋的顶端它尝试跳起来抓冰激凌，我没有给它机会，第三个大回旋顶端，我快要错过了，猴子高举着双臂跳了起来，我凌空抓住了它的左臂，到我这里来吧。

它在我手里看着我，十分安生，像是受害者。

我抓到猴子了，然后呢？然后怎样？我和它一起从过山车上掉了下去，这光，这风。

我睁开眼，我想吃冰激凌，香草味的。

生活就是热量和阳光，对吗？

猴子呢？它原先在我床头，它的眼睛是用黑色纽扣缝的，它的毛摸着很舒服，做得很精致，现在它在床下面，我扒出床沿的时候它正面朝上看着我，干得不错小伙子，它还在装受害者，我大口呼吸。

若梦是冰雪，此刻尽消融。

巢

他叫阿福，是个呆头呆脑做事耿直的小伙子，眉心有颗痣，平常傻里傻气的，没有心眼，所以我父亲聘用他为管家，打扫打扫房间，做做家务什么的，偶尔陪我出去玩。

"你看到我的平板电脑了吗儿子？"父亲焦急地翻箱倒柜，我帮他寻找，目光所及的夹缝和柜子都翻找了一遍，但一无所获，不过手上沾了不少灰和蜘蛛网。

阿福经常打扫房间，怎么会有这么多灰和蜘蛛网，他偷懒了吗？他从不偷懒的。

"你的平板电脑里有什么？很重要吗？"

"几份文件，那等于很多很多钱。"

"好吧，再找找。"

直到吃晚饭，我和父亲仍然没有找到他的平板电脑，父亲吃不下饭，阿福说那个房间他打扫了很多遍，每个角落都清理了，并没有偷懒，我相信阿福，因为我确实在垃圾桶里看见灰尘和一堆死掉的小蜘蛛。

阿福每晚都会回到他的老母亲那里居住，他的老母亲双目失明，离不开他的照顾，我上次去他家里做客，他的母亲已经不能走动了，桌上只是些硬了的馒头和阿福每天都会带回来的水果。

他家的地下室放了很多旧家具，灰尘呛得我睁不开眼，阿福只是看着我傻笑，招呼我出来吃水果。

后来阿福辞职了，我家的房间很久没有打扫，父亲忙于生意，而我也懒得打扫。

没有人每晚给我做香酥的肉松饼了，我有些郁闷，我去到阿福的母亲家，也许他去照顾母亲几天也说不定。

家里空无一人，他的母亲也不见了，桌上的硬馒头脏得我不想看。

"阿福？你在吗？我饿了，我想念你的肉松饼！"

回音在屋里游荡，没有人回应。

我去到地下室，我实在不想来到这里，太脏了，有个衣柜大开着门，里面黑黑的，仿佛通往另一个世界，在黄色的灯光下像要吃掉你的怪物。

"阿福？你躲在里面吗？"

"阿福？你躲在里面吗？——你躲在里面吗？——你躲在里面吗？——里面吗？——吗？——"

无尽的回音吓到我了，这是个什么地方？我彻底没有了头绪。

我钻进衣柜，不管满身的灰尘和蜘蛛网，我该死的冒险精神作祟，我的肾上腺素飙升，我要去看个究竟。

"啊哦！！！"

我被绊倒，一路在黑暗中下滑，那种感觉，你们知道吗？耳边只有风，你睁开眼不如不睁，无边的黑暗和你大叫的回音。

我失去了时间的概念，臀部很痛，我猜我滑了十五分钟，也许是一万年，尽头是什么，我出去之后是世界末日吗？我的肉松饼怎么办？哦天，父亲的平板电脑还没找到，如果我天黑前没回家他会生气的。

我胡思乱想着，终于落在一堆硬硬的东西上面，扎破了我的胳膊和小腿，我流了不少血，不过好在有光，能看见了。

阳光从无数个空洞照进来，照不到的地方黑黑的，这里足足有一百个足球场那么大，我从这边跑到那边可能需要两辈子的时间。

我的咳嗽声在整个巨大的空间传开了，这里好像是我见过的最大的一个岩洞。

远处的小蜘蛛散开了一块巨大的空地，一只巨型的蜘蛛从顶上落在地上，"嘭"的一声，它比蓝鲸还要大，我抬头看才发现，我头顶是一张无边的蜘蛛网，而我滑进来的那个洞只是无数的岩洞的其中一个，这张蜘蛛网应该可以包住我住的整个城镇吧。

它头顶站了两个人，我一眼认出，是阿福，他身边还有一个女的，他们拥抱着，有说有笑。

这个情况不多见，我明白了许多，阿福原来这些天一直在这里，这只超大蜘蛛似乎很听他的话，直到现在仍然没有蜘蛛攻击我，那个女的是谁，他女朋友吗？

"嘿小子！欢迎来做客！"阿福高兴地对我喊道。

"嘿阿福！你说话利索了！你什么时候谈的恋爱！我想念你的肉松饼了！你站在这大块头身上实在是太酷了！"我激动不已，全然忘了自己被蜘蛛群包围的境地。

"她是我未婚妻！"阿福还是那么高兴。

……

整个岩洞都是我和阿福的对话声，不知道这些蜘蛛会不会感到尴尬。

四季店

　　旧城的老街，有一家四季店，人不多，但也不荒凉，有猫，有梧桐树，有下午的阳光。

　　四季店，顾名思义，售卖"四季"。店主是个眼神里有光的年轻人，他就像普通饭店里的服务员一般不那么显眼。有客人问起他的身世与岁数，他说不记得了，只知道自己见过很多人、很多事。他喜欢打开老收音机，听很久很久以前的歌曲，店里所有的东西都含进了四季。

　　四季店会根据客人的需要提供他们需要的季节，而季节都藏在物件里，四季店不收钱，收你想给的任何东西，你给的东西会被附上季节。

　　老伴儿在病床上命不久矣，只想看看和她初恋时的秋季，于是一个老奶奶小心翼翼地把一只破风筝放了上来。"这是他跟我表白那天送我的，那天正是深秋，他要走咯，还想看看秋天，想想以前的事儿，可是现在是腊月，你能帮帮我吗小伙子？"老奶奶浅浅笑着，又似带着感伤。

　　"您等会儿。"年轻人转身进店，尔后拿出一片金黄枫叶，"枫叶给他握着。"老奶奶致谢后离去。

　　老奶奶把枫叶放进老伴儿手里，温柔地合上他的手，窗外的积雪开始脱落融化，金黄的枫叶如同火苗疯狂生长，它们飘进病房，围绕着老夫妇飞舞，两人把皱纹全笑出来了。

诸如此类的生意每天都在发生，在盛夏卖给小孩子一串冬日的糖葫芦，在早春卖给情侣夏天寄出的明信片，客人们开心地离去，没有人再转身，没有人再返回。

人世变迁，季节流转，他还是那副模样。

橘猫懒散地趴在树下，它说："人们不会来了，他们早就不需要四季了，他们学会了替代。"

年轻人躺在店外的长椅，树叶掉下来肆意戳在他脸上，他不着急。

落叶在某一秒凝固在半空，阳光不再爬行，橘猫停留在张大嘴打哈欠的动作，年轻人起身拍掉落叶，此刻春风也停住。

"换季了。"年轻人走回店里。

星辰飞移，日升月落。某一天，旧城的老街，再也没有了四季店。

只是不过百米的老街，却留下了四季，在那里冰糕不会融化，萤火虫点亮夜晚，雪花落在肩上。

老奶奶扶着老伴儿走过老街，风筝卡在了树上，孩子们举着糖葫芦疯跑。橘猫喵呜一声跳到墙头上，慵懒地卧倒。

他把四季还给了天气，还给了世间无解的谜。

我想，他只是离开了所有季节，转而奔向你。

签售会

五颜六色的气球串在横梁上，组成一道"彩虹"，下面是两张相同的海报，不过是用蜡笔涂的，画了一本书，因为线条太过抽象，像一块儿豆腐，而书的上方，都是星星，星群中飞着一只鱼鹰。

书后面站着一个"小人"，用简单图形线条构成的一个小人，双眼是两个黑点，没有鼻子，嘴巴是向上弯曲的弧线，胳膊和腿就更简单了，四条黑线，锥形的裙子表明这是个女孩。

她坐在海报中间，一张小小的书桌，头顶挂着"《鹗》签售会"的横幅，她很安静，她很期待，她时不时望向门外，她穿着病号服。

这一切是她自己布置的。什么？你问我为什么不搭把手？我们才刚见面十分钟而已，我会帮她的，不是现在。

她的睫毛抖动了两下，看向我，我不知该说什么，我觉得时间差不多了。

我问她："你准备好了吗？"她点头，嘴角用力一抿，坚定地一抿。"只有一个小时哦。"我担心她忘记了时间。

她点头，示意我准备好了。

"咳咳，嗯……"我清了清嗓子，这是我第一次干这种事。

我开始了，对着面前空无一人的几把椅子："欢迎大家来到《鹗》的签售会，在这里我十分荣幸地向大家介绍一下本书的作者，十一岁的天才作家方小弃！虽然我没有看过这本书，但是……嗯？什么？"

方小弃扯了下我的衣角，指了指书的前言那一页："你好假哦！念下前言啦！（手语）"

"哦哦，好的，你事情好多哦……"我拿起书念了起来，前言字不多，"我喜欢鱼鹰，人们称为'鹗'，它们抓鱼很厉害，每天都有好多鱼吃，我也想有这种本领，外面楼下有好多小朋友在玩，他们有时候很吵，有时候我很想和他们一起吵，可是我生病了，每天都只能待在病床上，我只好把脑袋里的话全部写出来，这是我的第一本书，以后我还要写二三六七八本，嘿嘿。"

刚念完，方小弃又戳戳我的胳膊："翻到第八页，那是我最得意的一首诗，请念给大家听。（手语）"她撅起嘴，很是得意。

我倒要看看五年级的小丫头能写出什么诗，翻到第八页，这首诗叫《鹗的一天》，我一字一顿念着："鹗出了门/它飞上天/在云的中间/在海的上面/鹗抓到一条鱼/这是平常又无聊的一天。"

"这能算诗吗？"我心里想着，算了给她点面子吧，我没有说出来。"开始签售吧，时间差不多了。"我拿起好几本书去假装粉丝让方小弃签售，我们心里都很清楚，这个病房里的签售会是个笑话，是个小孩子的夙愿。

"大作家！在这里签名吧！谢谢，谢谢！""方小弃！我好喜欢你的书！帮我签个名吧！""方小弃我能和你合个影吗！"我十分卖力，方小弃很高

- 153 -

兴，笑得笔都拿不好，她的字很工整。足足签了半个小时，终于把一百多本书签完了，每一次方小弃都让我打扮成不同的粉丝。

"你为什么叫方小弃，这名字听起来很消极。"我问她。"因为，爸爸跟我说，放弃不是一件坏事，你努力去完成一件事却发现毫无进展的时候，不如及早放弃。（手语）"

"还有，我觉得是时候放弃自己了，下一次我一定要成为一只鹗，天天有鱼吃，还能在云里飞，爽得很！（手语）"方小弃高举双臂，意气风发的样子，好像要变成鱼鹰飞上天花板。

"你呢，你下辈子想成为什么？（手语）"方小弃瞪大了眼睛，期待我的回答。

"我……呃……"我得好好想想怎么说，一瞬间她的身子倒了下去，没有再起来。

……

后来，我读完了《鹗》。我以前总揪着过去，现在我终于开始设想未来，我大概是个好读者，但不是一个好同伴，下辈子我也想写本书。

回形针

"你知道我是因为什么和命运和解的吗？"

"不知道，我只知道你信命，无论什么都扯到命数上，学习、事业，还有你一直追寻的爱情。好吧，因为什么？"

"一根回形针。"

"回形针？"

"嗯，回形针，那天我穿上一件旧衣，衣服上的纽扣掉了，于是我在家里到处找回形针，我明明记得在床头柜的，可是没有找到。"

"然后呢？你出门去买不就行了。"

"没错，我出门去买了一盒回形针，不过找了三家文具店才有卖，花了五块钱，最后我有了几十根回形针。"

"这不挺好的吗？你可以把纽扣别上了。"

"是这样没错，不过……"

"不过什么？事情圆满解决了，一切顺利，所有人都可以回家吃饭了。"

"唉，我从文具店走出来，拿着那盒回形针，走了一条街的距离，突然前面地上的小小闪光吸引了我，没错，是一根回形针，你知道那种感觉吗？

像被人打了一拳，我费了一番周折去买了一盒5块钱的回形针，结果出门走了几步路就得到了一根免费的回形针，我瞬间觉得我之前像个傻子。"

"我觉得你从中学到了很多，哪怕只是一根回形针。"

"嗯，有时候我努力去争取追求一个人或东西，却怎么也得不到，有时候得到了，我也抓不住，结果呢，另一个人就在你前面的路上等你，只有几步路的距离。"

"我想你指的应该是……回形针，对吧？"

"呃对，回形针，是回形针。"

叁.

闲/谈

你胡说，你从来没有好过

第N次后知后觉

前几天，我修好了手机碎掉的屏，碎的当时是四月中旬，并没什么不同的一天。

那天结束了广播监听，我从广播台里出来，独自走到学校的西苑，买那时差不多每晚都要吃的烤红薯。

手机扫码的时候掉的没有膜的边边嗑到了凸起的石头上，拿起来才发现有蜘蛛网，试了试，没什么影响，去旁边的维修店问了问，修好需要二百，我果断走出维修店！反正不影响正常使用。

后来隔着蜘蛛网用了三个多月，已经习惯了手指在裂纹上划来划去，差不多已然觉得，这个蜘蛛网出厂的时候就有了。后来我爸看到了它，他当了半辈子兵，不把鞋子、被子、衣服……弄得平整光滑不舒服，硬拉着我去把手机修了，说他看见我手机心里就不爽。

修好了之后，如梦如幻，就像没摔过一样。

就像，就像我没用过这手机一样。

我的不安感又涌上来了，习惯一件事，失去，习惯一件事，失去。习惯一个人，又失去，习惯一个地方，又离开。难受，难受，就是难受。

不喜欢换新，喜欢持旧，这就是我。

每次见到以前的人，我总会自私地提一句："你记不记得我们刚认识的时候？"哪怕别人忘了，或者不想听。我也会问出口。

小瞬间

很多时候并不是发生什么大事才会让我们浑身一颤，心中一抖。

那些眼泪夺眶的，很多都是小瞬间。

他不是什么英雄，也不是什么大明星，他没有做过惊天动地的大事，更不比谁富有。

他只是一个你深爱的人。

那天阳光穿过橱窗，照到他背后的淡蓝格子围裙上，他正煎着两片金黄的蛋饼，鸡蛋焦黄的香气充满整个厨房。他笨手笨脚的，蛋清一部分洒到了桌上，慌得他到处找抹布。

你坐在沙发上，看着两周前的杂志，饭菜的香气让你心情舒爽，也许你刚因为他买菜买贵了几毛钱骂了他，也许他做的又是你不爱吃的番茄炒鸡蛋。

可是，可偏偏是，你看到一束阳光照到他侧脸，煎蛋的油烟如梦如幻穿过他脖颈，你觉得，那个煎蛋的人，就是你背后靠着的一堵墙。不知道为什么，你涌上了一股冲动，你想甩开手里的杂志，冲过去，从背后紧紧抱着煎蛋的他，把围裙抱得褶皱斑驳，把他抱得痛得直叫："你干吗！抱太紧啦！"

你看着他痛苦地挤出笑，心里就像火烧，想着，一直这样下去到老，多好。

你在背后大声叫着他的名字，他当你发神经，可他不知道，他煎蛋时候阳光下的样子，强迫着你喊出他的名字。其实你没有什么故事，你能说的也就是他的名字，你觉得这个人，这辈子，这顿饭，就是他了。

如果有一天你结婚了，不是因为你该结婚了，不是因为你有车有房了，不是因为你父母给你介绍到对象了，不是因为你快老去了，你可不可以是因为爱情，你能不能是因为爱情，你能不能，是因为阳光下他煎蛋时候，满头大汗的样子。

那种心安，那个，平常的小瞬间。

有一天我什么都有了，可是就缺一个，能管住我的你，就缺一个，给我做饭的你。

一直在变

　　小吃街空荡荡的，我的臭豆腐、猪蹄、扇贝都不见了，十一点多的时候我还在街上晃荡，同一个地方我来回走了好几遍，始终找不到自己要吃的，有点烦闷，所以买了不是那么想吃的米豆腐和铁板烧，心想最后就只能这个样子了吗？最近又得知很多东西都没了的事实，我清晰地感知到，越来越多的我的已熟知都在消失，越来越多的我的不熟知都在被我熟知。

　　很久没有早起的我今天早起了，这个清晨像多年前的某个清晨，又像这些年的每一个清晨。匆匆前行的学生，路上翻飞的纸片，空气中的油炸味，我很茫然，谁会知道我离开的前一段时间会有歉疚感，仿佛臭豆腐、猪蹄和生蚝是我带走的一样。

　　我曾想过什么是不变的，我曾有信心说自己是不变的，但其实是胡说，即便是我这般执拗的人，也只能做到自身的90％不会改变。于是我开始学着接受，我总是在接受，你们难道不是吗？

　　如果真的有不变的东西，大概就是五月的早晨吧。我又想起小时候梦想当个画家，可我的画画技术实在是烂，只会简单的线条和涂抹，现在我也不知道我想当个什么家了，以后能有个自己的家，已然满足。

变化让我不再关心事物本身，而是关心整个运作规则，我是否有应对的办法，以防范未来的莫测，这个故事告诉我，我应该早早多吃些猪蹄、臭豆腐和扇贝的。新的旅程就要开始了，明天会好吗？

给你的世界加个BGM

你印象中最深的一首歌是什么？

对于我来说，是艾薇儿的《innocence》，这首歌是2012的冬天我第一次听到的，说来要感谢我室友陈云龙，他是和我并列靠墙睡的，那个寒冷的冬天，每天早上六点多他的那边就会响起这首歌，当然了，只放了十几秒的前奏就被他按掉，不过仅仅是这十几秒，已经惊艳到高一的我。

于是我含蓄了一个月没问他，后来终于忍不住问了歌名，他随口告诉了我，看起来很随意，看来他不仅喜欢这首歌，而且听了很多遍。

我赶紧去网上搜索，于是这首歌就被我听到了现在。

我的听歌风格一直在慢慢变化，小学时候爱听周杰伦、音频怪物和盗墓笔记同人曲，每天在家里哼，也在班门口哼。初中爱听的多了王力宏、古风歌和一些我爱看的剧的主题曲。高中就爱听一些英文歌，当然了，以前爱听的这些还在听，我是不会丢掉它们的。

高二接触到了民谣，太符合我个人不紧不慢的诗意节奏了，我和民谣一拍即合，于是一直听到了现在。接触到民谣还是因为我学编导的时候，室友在寝室放《董小姐》，我马上被《董小姐》深深吸引了。后来开始了解其他的民谣歌手，知道了尧十三、花粥、好妹妹等民谣音乐人或组合，我2016年开始学吉他也是有民谣这个因素，因为我觉得民谣就是能唱出来的故事，简直太棒了。

我不爱听快歌和激烈的歌。

我总是会把一些老歌翻出来听听，歌越来越多，还是喜欢那几首，换了两三次手机，会把收藏的歌再下载一遍。

有一次去了音乐节，因为第一次去，没有什么经验，现场确实和在床上戴耳机听感觉不一样，没去之前觉得门票蛮贵的，听完了觉得还好，只是蛮累的，下次记得带小板凳。

说起来，我也写过歌词，只是我没有认识到会编曲的人，自己也不会编曲，挺想知道自己的词唱出来好不好听，如果以后有机会我会争取去编曲的。

耳机是从不离身的，大概是因为路上的这段时间，想给世界加个BGM吧，我喜欢散步是因为散步的时候听歌很舒服，我可以散步很久，自己写文的灵感这时候也会很多。

夏至半途

所谓昨日，到底是什么概念，今日和明日都是昨日。收拾行李的时候我翻出来了很多东西，信件和纪念品之类的，有的我以为已经丢了，有的我不记得是谁给我的了，不过密密麻麻、风格各异的字迹让我确定，每一个物件都送出得很认真。时间真的很快，大多数人只能跟自己走一半的路，没有人会一直陪着你，但总有人会一直陪着你，自己可以边走边看海。

说起来，时间久了，记忆真的会模糊，我可能记得某些事，但不记得与此相关的某些人或契机。比如我还记得小学门口右边有家小游戏厅，但是我不记得是跟谁一起去玩的了，只能期望不要遗失最重要的部分。

所谓昨日，就是那重要的部分。

我没有做过多的纪念行为，这会让我走不开，我尽量什么也不做，我把经验之谈都告诉了别人，这样自己便不会剩下什么东西。

所谓仪式感，就是再多看几眼吧。

上大学的第一天，我创建了一个相册，叫《未曾》，意思是"未曾发生的事"。我预感大学里会有很多值得定格的时刻，但超过我的预期，我以为四年里最多七八百张照片，结果目前已经有一千一百多张了。

毕业典礼的一系列照片，应该就是这个相册里的最后一组照片了，以后再照些什么，我就要准备一个新相册了。

　　《未曾》的第一套照片，是我在长江大桥上看手机和在户部巷里吃东西，头上戴了个小树苗，我觉得城市都差不多，时至今日，我改变了这个看法，其实差多了，毕竟我看到几年前的自己，觉得那时太年轻了，像一只不知道前面有老虎的羔羊。

　　咳咳，是时候开始新的旅程了。

夜与夜

入夜后太阳消失在山那边，吞食了轮廓的一瞬间，称为夜，称不上夜。

星辰乍现，如你我初见，在清晨阳光还未突破大气层，仍有一半鱼肚白和夜色痴缠，云和月推杯换盏，侃侃而谈。这一刻，未名破晓，如你第一次不漏齿的笑。

我已经犯了很多错，错得不能再猜想如果，你为何还不来惩罚我？

你知道吗？哪怕你知晓我对你的喜欢的千万分之一，我也会奋不顾身。

这杯茶好苦，是的，好苦，可一辈子那么长，我不可能只喜欢一个人，但是你不离开，我永远也不会遇见下一个。我已经弄不清，人们到底是不相信我能对另一半特别好，还是相信，但就是单纯觉得我应该孤独终老。

就像那句："你人真好，可惜我们不合适。"现在变了，不管多喜欢都藏着掖着，怕自己的喜欢吓跑人家女孩，笑也不敢大声，怕别人觉得我神经病而远离我，哭也不敢大声，怕吵醒人。

就当我的情感在说话，是不是前面有一匹白马，还有我永远追不上的人啊。

从某天以后，情绪都是紫色，所有的没关系都是你，所以你才会说对不起，你的夜送君千里，我的夜悲从中起。夜与夜之间，有走不过的星河三万米。

我告诉夏天不用来了，你不会来了。我时常想，在我从宿舍走到教室，再走到小吃街的时候，我与对的人是不是就已经错过了。后来，我总是把希望寄托在很渺小的事上，比如明天不是阴天就对你说我喜欢你，这局游戏胜利了就对你说我喜欢你，可如今年复一年，南风吹进北窗，我还是没说出口，为何盼我糜颓，又要我切莫追悔，好歹不分的样子有人看见吗？自私自利的时候知道原因吗？

平安夜，我只对一个人说了快乐，之后我去了很多地方，也喝了很多酒，也遇见许多似你之人，似你的谈笑，似你的眉眼，似你的回眸，但终不是你。

我曾经毁掉一切，我曾经歇斯底里，我曾经热情冷血，我曾经拼命挣扎，你会来吗？你还来吗？

夜深了，我知你不会出现，然而，然而。

这般来往

"对你好的人呢？"

"变成风吹走了。"

"喜欢你的人呢？"

"也这般如风，仍没吹来，更不知去往。"

五月不同于四月湿冷，更不同六月慢慢燥热，也许这种温度刚好适合你来我往，五月也就顺理成章成了一个离别的月份。

离开一个舞台，离开一个集体，离开一个地方，离开一个人……人们总能找到新的地方重新适应，而我不能。

我是说，我找不到新的地方，也找不到新的归属感，如果说爱就像断线风筝随风远去，那它总有一天会坠落凡尘，可是，我抓不住那根线。我和他人的关系很像火锅里的涮羊肉，放进去之前又腥又生，放进去之后开始变熟，也许是涮得太久，每当我想尝尝味道的时候，发现老了焦了，味道变差了，可我还没尝，怎么就这样了呢？

也许是因为我总期待着别人和我想的一样，认为感情永远不会变味，随时尝随时香，他们没错，是我错了，是我爱多了。每个人都有另外一面，而我给别人看到的，正是我想让别人看到的。我独自在房间的时候，才算是常态下的自己，一言不发、面无表情、敏感、冷漠。

谁知道哪一面会是我们的最后一面，也许是这一顿饭，也许是明天的一杯奶茶，又或数年前约好的那场晚宴，我会记得，我会珍惜。

金玉其外的皮囊大概人人追捧，有趣的灵魂却不是人人都懂，他们会相遇，而相遇是一件很稀有的事。除开生老病死，还需要一眼万年，一笑生花，有来有往。你问我什么是一眼万年，一笑生花，有来有往？让我想想，大概是我们走过场般再次看见之后，下意识相互笑着点头回礼，再笑着寒暄，最后笑着背离。

我们的眼睛都挤成了一条缝，所有的牙齿都露出痕迹，直到对方远去，尽管未来的路判若云泥，还嗅着对方的气息，挥之不去，两个灵魂一眼万年，一笑生花。

而我已习惯送给过路人一杯水，他们会在我面前停下来，夸两句水的清凉解渴，可我知道他们只是过路人，终会离去，这一刻起，我便不再快乐。

应是怕了别离，我是那么盼着，从我这里走过的千万个人里，有一个人能真的留下来。

你留下吧，我有天，我有地，我有花猫，我有后花园只属于你。

你留下吧，我有世上所有的趣，你留下吧，若是此生总是这般来往，我怕是快经受不起。

一路知白

　　我看到，平常满脸严肃的同学表情古怪地和朋友拍照，性格内向的人儿终于鼓起勇气染了发，陪我长大的天空蓝变成了松针绿，受挫的人明白了丧的意义，凌晨四点还有一只不知所措的小狐狸，有一天我不再用蹩脚的嗓音歌唱，祝愿可爱永远不生病的姑娘。

　　我安静地看完所有不安的话语，大家都过得很好，一切都好，我也快好起来吧。

　　天空中有紫色的云，心里的斑马在奔跑，就这么一路走下去吧，走下去。

　　用孤傲品尝荫翳，带着微笑的面具，不曾悔过，我活得好明白，一路知黑知白知根知底。

　　白色的纸漫天似飞絮，清楚被什么欢喜，清楚被什么唾弃，站在影里，简单深刻而忧郁。

　　我这一生特别短，短得只能留住自己。

　　我这一生特别长，长得只剩下自己。

失而不复返的

　　那天我在绿皮火车上，只有"咣咣咣咣咣"，那是引擎和心跳的声音，和我一样的硬座，周围的人都疲惫不堪，我想在四十分钟以内表达完所有情绪，因为四十分钟后我就到了那个十八线小城市，即便是这样的地方，也有很多几千年的老东西，我喜欢老东西，所有的，老东西。

　　他们说日子滚烫，每一分钟都在烧灼自己的皮肤，确实如此，所以人们都在往自己头上倒冷水，变得越来越消极。

　　夜晚我来到了一片夜市，夜市在翻飞着塑料袋宣传单的十字路口旁边，快要零点，可人们被羊腰子、小龙虾锁住了时间，他们闲谈、嬉闹。

　　街边卖饮料的是一对儿年轻的夫妻，时不时有老顾客过来打趣他们，开一些玩笑，他们大笑着，再回归正题般地问："今天吃点儿啥？"

　　我站在夜市中间的马路，闭上我的眼睛，我的双眼早就浑浊，可我的耳朵还很清醒，我听到了从前，从前的风声，就在人烟喧闹里。

　　我点了过量的羊肉串，坐在旁边刷着手机，突然我想看看，我以前的以前，很久以前的动态是什么样子，因为我已经保持了一个常态两年多了，没有转发，只有无限的上传照片和句子。

我才发觉，我已经忘了，已经忘了一切发生之前我的空间到底是个什么样子，我开始好奇，我那时候会发什么类型的动态呢？

至少，让我看看2015年之前的样子吧。

于是我在几千条说说里快速翻动，翻了好久，才翻到我的第一条说说，我瞬间笑了出来，原来那天只是把作业写完了，我竟然如此高兴，后面还加了一大堆感叹号，可以看出是真的开心。

"今天我把作业全部做完了，想干什么就干什么，太爽了！！！"——2008年7月18日

11岁的我就像活生生站在21岁的我面前一样，活生生地喊出这些句子，我开始有了恍惚感，这是我吗？这就是以前的我吗？什么小事都会这样直接喊出来吗？用最直接的情绪，最直接的表达？我开始不认识这个11岁的小孩儿了，原来一下子看到过去，人真的会接受不了。

我开始往前一页一页地翻，像在偷窥别人的空间一样，竟然到处都是惊喜和感叹。我看到，哪怕有些话是我七八年前说的，如今看来也颇有些道理，可当时貌似只是为了感慨一下，并没有想太深。

我看到："水能载舟，亦能煮粥。"这一条我重复发了好几遍，我也忘了为什么这么喜欢这句话，可能因为我一直喜欢喝粥，自己也姓周，就对粥有一种天生的好感吧。

小时候是挺喜欢水的，水能大用，能小用，即使是最锋利的刀也不能破坏它，不管在哪里，水都能完美融入环境，变换形状，那时候我就希望自己变成水，去哪里都能应付自如，最狠的刺也伤不了我分毫，又能载舟，又能

煮粥，想想就很好。

　　再后来几十页，都是千篇一律的签到，那时候QQ空间出了签到功能，我每天都会选一个表情再随便打一个符号去签到，从2010年初签到了2012年末，这时候我突然又有一种熟悉感，这样规律的行为，我现在也在做，可现在和当时，无论心境还是目的，都是不一样的。那时候签到图个好玩，但我竟然也坚持了下来，而现在的"签到"竟然是为了治愈自己的伤疤，我才反应过来，原来这种"签到"式的行为，我小时候就已经做过了。

　　再往后面，就是不停地转发一些搞笑段子和时事新闻，有时候还会恬不知耻地去转别人的心情和吐槽，而自己却很久都没有写过原创的动态了，这些都是五六年前的事，那时候有一些固定的人群会和我积极评论互动，我也会跑到他们那里去互动，大家的话语都十分幼稚，但是都是真的。

　　如今那些人仍有一些躺在我列表里，也偶尔会说一两句话，可我发现我和他们都已经不是那么一回事儿了。大家都开始建造防御工事，没有谁再会厚着脸皮去把真实的想法喊出来。所以我们年龄越来越大，也越来越稳重了。

　　直到2016年之前的动态，大部分都是转发的段子，那会儿我觉得转发那些段子，自己很开心，也想让别人开心开心，于是转了几千条，一天好几条。

　　从两年前，就不会了，我再也没有转发，开始用另一种方式表达自己。

　　我的性格没有变，我的心态变了，如果我少经历一些，现在的心理应该会匹配我的年龄。看来时间并不能让一个人成长多少。

　　从前不管什么事，什么情绪，都大胆地发出来，带上几个感叹号，好像这样那些负面情绪就会消失一样，现在不行了。

　　我看完所有自己的动态，羊肉串已经凉了，抬了抬酸痛的脖子，夜市还是夜市，人们还在那里。我错以为已经过了好几年，其实只过了几十分钟

　　小时候的我是我，还是现在的我是我？

　　我没有办法在四十分钟以内表达完我的情绪，我还有一生要过，这么多年我失去了很多，我想你了。

老中医

    多病之秋，总让我想起小时候喝中药，老中医的随手潦草一写，我就要捏着鼻子喝下一大碗不知名的苦涩汤水，咳嗽了就喝什么三拗汤，冰糖雪梨，就像传说故事里的神奇药水，真的快速治愈了。

    后来老中医活在了口耳相传里，用折叠后的手记来治病，老中医不再是一个职业，已经是一群过来人的代称，终有一天我也会活在口耳相传里，再有一天连口耳相传也没我的痕迹了，便真的死了。

    老中医轻描淡写的一声"小病大养"，不经意丢到病人面前的一纸偏方，可能就包括了得过的百病，尝过的百草。

    听说老中医，只有一种病治不了。

    这病药石无医，名叫"喜欢你"。

山羊女孩

山羊女孩就像一只小山羊，个小脾气大，不知天高地厚，敢用小犄角去撞大老虎，总是气呼呼的，鼓着腮帮子，经常喊着："我才是森林之王！"

嘘，我告诉你们个秘密，这时候运气好的话，能看见她的两个小酒窝。

其实我也不太了解她，正如她也不太了解我一样，这样的女孩肯定遍地都是，不过谁让我撞见的是她呢？虽然她也和以前几个淡出我世界的人有点相似吧，但总归还是有不同，要说相同，就是她也会离去吧。

山羊女孩来到一个新的地方，瞬间就变成了好奇宝宝，一会儿觉得那新鲜，一会儿觉得这新鲜，别被她吓到，其实也就新鲜这一会儿，不出三分钟，就嘀咕着真无聊跑回来了。

我呢？当不了牧羊人，我家里没有那么大的草原让她到处跑、到处闹，我们的性格也完全相反，山羊女孩喜欢热闹，越热闹越好。我这儿可冷清着呢，她迟早会找到自己的羊群，到时候说不定还会有一堆公山羊追求她。

可以基本确定的是，我这片原野不是归宿，她来这儿吃吃草，转一转，终有一天就会离去。

山羊女孩生气的时候，请马上跑开，不然就会用她的角狠狠撞你，没有拐弯抹角，没有含沙射影，一天里，可能有十几个小时都在烦，如果你的耐心与包容心足够，她也许会多停留一会儿，小心！山羊女孩翻脸比翻书还快。

别担心，睡一觉，一切都恢复原样。

至少现在，我赶不走她，她也赶不走我，也许我说错了，是都不想让对方那么快离去。不管如何，她才刚刚看到这个世界的冰山一角，我也只比山羊女孩多看了两三角罢了。

"骗人，大骗子，你是大骗子！"

"我没有骗你，我不会骗你，我不是大骗子，相信我。"

山羊女孩最喜欢的，就是赢，一直赢，真的赢，无论什么都要赢。哪怕踩马路，也要多比别人踩一米才算，不然，又会气鼓鼓了。

"好吧好吧，真拿你没办法。"

她要喝热的、冰的，她要到处去玩，去认识很多有趣的朋友，她要变得很忙，要完成自己的梦想，她有自己的技能，有自己的认知。

你们猜怎么着？

她出现的时候，正是我结痂的时候，而我出现的时候，正是山羊女孩该被捧在手心的时候，可惜，真可惜，这时候我早已热情殆尽，而她正热情似火，看来注定了我们的话说一句少一句，没办法，到时候好好道别吧。

她有时候也会嫌弃我无聊，也会误会我只对她无聊，嘿嘿，真的没有，我真的没有。我只是经历了这么多，太累了，没有那个花言巧语的动力了，我唯一剩下的，就是一点点温柔=。

山羊女孩不喜欢大道理，不喜欢长篇大论，不喜欢碎碎念，不喜欢负能量，她要的是有人能无限地包容她，造化弄人，造化弄人呦，错误的时候认识错误的人，我该跑掉的，头也不回，可我怎么还没跑？

我不是那个能驯服她的牧羊人，我只是个在后面看守着她的小牧童，山羊女孩很幼稚，我也幼稚，没有什么未来可言，我只好向命运低头认输，整片草原的优质公山羊都在期待着一个相遇，黄昏快到了，山羊们仍然可以四处闲逛，我只好丢掉手里的小木棍，往自己的家里走去。

山羊女孩吃了草，是不会回头张望的，有草吃就足够了，就算有天没有了小牧童的喂养，她也会坚强独立地在整个草原长大，山羊女孩会很多才能，正等着慢慢展示给星空看，她还有大把好时光，还有大把的直爽，我的性格真的很差，不过也已经把所有温柔都给了她。

就快要告别了，我转身的时候不会回望，后面也绝不可能响一声"咩！"，好吧，也许会有一声"咩！"可我不敢有所期待，虽然山羊女孩的再见我已经习以为常，但我的再见从来不会随口说说，我尊重每句再见，希望山羊女孩能去草原看不见边际的另一片吧。

这样我也看不到她，眼不见心不念，说不定以后我还会遇到小白兔、小鸭子、小狐狸、小麻雀之类的其他女孩呢？不过如果山羊女孩能一直在我这片草原留着，我真的会很开心。

往前走．唯有星星散落，前方的雾里有灯火。

亲爱的你

　　多梦的人，心里一定有太多念想，现实总是让自己失望，所以才会在梦里见到想要的一切。

　　可是每次醒来都会对现实激烈地反抗，反抗到涕泗横流，消失在我的人生里的人最后都会在梦里以平和、反常、可爱的姿态出现，离开的都没离开，闹翻的都没闹翻，丢掉的都还在手上，可是手只有这么大，握不住的东西却那么多。

　　我听说如果一个人安静了，说明他一定在逼自己放弃，你是这样的吗？后来经常与三五老友喝着酒谈未来，头晕目眩地盯着头上的暖灯，就像看到早上的太阳，在冰冷的既定面前不屈不挠，想必结果也会比现在好，恋旧是泡在蜜罐里的抑郁，我是如此不甘不舍，每一段回忆都如此黏稠，我很想念你。

　　你快乐吗？朋友成群吗？我开心了吧，现在又是一个人了。什么都烟消云散，都回去了，路也消失了，我时常问，爱是罪吗？

　　总觉得不满足，很多地方还没去，很多事还没做，自己还能跑到陌生的地方重新开始，重新认识，但其实又觉得已经很满足了，不想再认识新的关系，不想去陌生的地方。

能被梦到的一定是我永远也见不到得不到的，你也只是在我的潜意识里提醒我的存在，我越发地难过悲伤，缘分那么奇妙，缘分尽了，就算你住在我隔壁，我们出门倒垃圾的时间也总是会错开，若还有那么丁点儿缘分，我们之间即使隔着万水千山和百年孤独，所有的花鸟鱼虫也会帮我们再重逢。

如果愿相见，请别在梦里。

萨尔茨堡的树枝

司汤达的《论爱情》里提到了萨尔茨堡的树枝，萨尔茨堡靠近德国边境，是奥地利共和国萨尔茨堡州的首府，因附近的盐矿和城堡而得名。在萨尔茨堡临近的哈莱因盐矿中，由于矿中积水处含有盐的成分，冬天掉了叶子的树枝如果掉进矿里，经过数月浸润，拿出来时就会密密地蒙上一层闪闪发光的盐结晶。

"那些比山雀爪子还细的最小的枝桠，镶嵌着无数闪烁不定和灿烂夺目的小晶体。人们再也认不出原来的树枝……每当阳光明媚和空气非常干燥时，哈莱因的矿工们都要把这些钻石树枝送给准备下矿参观的旅游者。"——《论爱情》

书里的骑兵军官对前来游玩的盖拉尔迪夫人一见倾心，书中"我"把盖拉尔迪夫人形容为军官的"萨尔茨堡的盐树枝"。军官已经看不清夫人原本的样子，对于他来说，夫人全身上下都覆盖着闪闪发光的盐结晶，这可如何让军官的视线从她身上移开。

我也曾看过一句话："你爱的人原本也是凡人，是你的爱为他镀上金身。"

我们的爱过于浓烈，可我们却太委婉，多少个人成了他人的"萨尔茨堡的树枝"，而多少人又拥有阿喀琉斯之踵。

我固然无敌，唯有你是我的死穴。我就像跛脚的痴痴欣赏着一根萨尔茨堡的树枝的阿喀琉斯，强大又可怜。被爱是世上最幸福的事了吧，凭着这一点，被爱的人做什么都可以，不管自己是多么黑的树枝还是脱了皮的树枝，外面有一层盐结晶便闪闪发光，便众人追捧，便肆无忌惮。

我也渴望被爱，可爱情太稀有。

如果我有一根萨尔茨堡的树枝，我大概会轻轻抹去上面的盐结晶，我的眼被刺得睁不开，我还是更喜欢一个人本来的样子，即便她只是一根黑树枝。

而如今的我，一直是阿喀琉斯。

我可以一整天都在路上

　　"啊……"因为睡了太久导致腰疼头晕，骨头如同摇摇欲坠的房梁咔咔作响，在阴冷的正午发出命中注定的呻吟，最后被自己的口臭逼到头埋到枕头里，不断反刍昨晚支离破碎的梦境。

　　冬天的太阳是最虚情假意的，它无法温暖，又每天挂在头上，我在床上翻了一面，又翻了回来，想了想，又翻了一面，像煎蛋一样。

　　"下床。"挠着头发。实在不明白为什么要按部就班，我喜欢盯着镜子里的自己刷牙，因为镜子里的自己很真实。

　　出门吃饭前我在大衣和连帽衫之间做选择用了六分钟，最后选了连帽衫，那件大衣太招摇，我喜欢招摇，但今天不了。出门先抬头看天，这是小时候的怪癖，天气有时会决定我一整天的基调，我觉得是自己把心底的乌云都放了出来，根本看不到一丝日光。戴上耳机，一路跟着唱，这首歌我听了一万遍。大街上人好少，天凉了，大家都裹着自己，过着自己的日子。

　　这家奶茶店的店员已经跟我熟络，也不问我，直接给我加热奶茶，他们以为是我喜欢喝热的，其实是我胃不好。我用吸管搅拌着奶茶，不停地窜出泡沫，我走在路上和陌生人擦肩，再远去，人和人是如此有来有回，我有些想不明白了。

破碎的屏幕上显示六点过十分，冬夜太急躁地出场，楼层里的白炽灯光透过无数个树枝缝隙照过来，我每走一步，它们从千万个闪耀成为另外千万个闪耀，是星星吧？

刚过去的那个人似曾相识，我走在后面多看了两眼，我该怎么解释多看的这两眼，一见倾心、睹人思人，抑或自欺欺人？

我还在哼着慢歌，踩着青石板，每一步都有回声，都有莲花盛放。

深夜我又躺回了床上，嘿！有没有人在认真听我说话？有没有人在月亮下种一朵花？

这里太嘈杂，灵魂像乱码。

我想我该休息了，我可以一整天都在路上。

以前的事

开始自己背着比自己重的书包去追赶公交车，那是十三年前的事了。

第一次叠出飞得最远的纸飞机，那是十一年前的事了。

发现永远理解不了别人的双层含义，那是九年前的事了。

如此深刻得感受离别的意义，那是八年前的事了。

不太理解女孩们为何不可理喻，那是七年前的事了。

大家都说我文笔不错，于是我写了一封信，那是六年前的事了。

在一个群体里面我选择了最孤独的那一方，那是五年前的事了。

我不停地换着环境重新适应，不变的是，我总是在别人看不见的角落，那是四年前的事了。

我明白原来追到一个人是那么难，与你的坚持、你的长年累月无关，只是感动了自己，于是我学会了喝酒并且喝下了人生第一瓶啤酒，接着第二瓶、第三瓶、第四瓶、第五瓶，最后我晕倒了，我的胃液在翻滚，我又结束了一件我做了很久的事，那是三年前的事了。

可爱的人很多，丑陋的人也不少，那是两年前的事了。

元旦的前一晚我站在天台拍下了那年最后一片星空和今年第一片星空，

于是我吹了一晚上的冷风，我不知道我为什么要去做这件事，我觉得没人陪着的状态，应该找点奇怪的事做，对吗星星？那是一年前的事了。

我还是无法与不能相互理解的人共事，不过如果只是朋友，我想我是很够格的，那是八个月前的事了。

我第一次被别人说虚伪，第一次对一个人彻底刷新认知，第一次被人完全误解，但活到现在的我没有选择计较而是苦笑着，那是七个月前的事了。

当我的前辈都离我而去，我这个后生便成了前辈，而我又认识了一群后生，这时间带来的人终会随时间而去，我想有天我也会走掉的，那是六个月前的事了。

我开始了第一份工作，一个突然蹿出来之后又突然蹿回去的姑娘给我这两个月蒙上了一层感情色彩，她就像一针麻药，我到底痛还是不痛，我自己也不知道了，大抵我一直是痛的吧，那是五个月前的事了。

作为学生我进入了最后一个阶段，我开始为自己找下家，我为我的以后找下家，我吃着面包看着面包，我希望以后我可以吃我自己做的面包，别人也可以，那是四个月前的事了。

真正无聊的人不会说自己无聊，影片杀青后的一个月里竟无事可做、无人可见，我身边熟悉的身影目前只剩下了两三个还在惶惶，要走的赶紧走，迟来的不必来了，那是三个月前的事了。

我开启了歇斯底里的日子，不断思考一切的意义，我没有放过任何可以与人接触的机遇但我也从没有主动找过他们，或许心里有事，心事才有意义，那是一个月前的事了。

在字里行间我找到了排列组合的乐趣，那是一周前的事了。

参加了不出意外的最后一次狂欢，吃了最后一口来自友情的糖，收到最后一张带有温热的贺卡，那是昨天的事了。

我疯狂吃甜的东西，菠萝味的牛奶，放了红豆的奶绿，一大兜水果糖，只是听信了吃甜食能开心的"谣言"，那是一个小时前的事了。

我还在碎碎念，我又有了很多想表达的东西，我决定他们会慢慢重见天日，那是一分钟前的事了。

转瞬而逝的情绪就像转瞬而逝的火花，黑暗中"刺啦"一下，就没了，那是一秒钟前的事了。

每年的每一天我做的事都有规律可循，如今我去翻开旧事本它们都已经被我一一放弃，对未来的我而言，现在、过去的每一秒都是以前的事。

我爱你，那是多久以前的事了？

我想你，那是一直在发生的事。

我祈祷你的出现，那是一秒钟发生数万次的事。

幻

　　我看到几年前，好几年前，他们，他们都坐在我旁边，坐在那时候他们应该坐的地方。

　　我去和他们打招呼，都不理我，他们低着头，睡着觉，看着书。我努力回想，我在哪儿，还有多久我才能出去？到下一个时间，我是不是还要回到这里？

　　他们，我都认识，我都见过，可我好像不能接触他们，有东西把我们隔开了，我再也碰不到了，好像是因为时间的原因，我不清楚，我很乱，如果我曾经和他们一样，那么不久之后我是不是又能回到那时候？

　　我在翻来覆去，我在用力打破看不清的墙，没用了，没用了，我感到无助，我快要哭泣。

　　我再次确信，我仍然和他们在一起，时间也是一样的，只是我还摸不着门路，我试着去平静，让自己慢慢融入，还是不行，还是不行，难道我错了？

　　他们好像真的早就离我远去，和那些时间，我很痛苦，我抱着头，我突然睁开眼，我还在这里，那里我早就回不去，不是那个地方，是那个时间的那个场景。

他们都不会在了，我现在就在此时此地，直到我没了力气，情绪开始稳定，我接受了，原来那些早就过去，他们早就消散。

我以为是事实的，都是幻觉。

最后我醒了，什么也看不见。

消逝

记忆中有印象的，好像已经是连续第九年过年回湖南了，大概是这么多年吧，我也不记得了。每当别人问起我是哪里人，我都会停顿几秒，从小就是这样，原因其实不复杂，也不过就是父母都是湖南人，种种原因吧，在河南郑州出生的我，就一直在郑州成长了，每年过年都回湖南，因为亲人都在这边，郑州只有同学和朋友这些人脉关系。

所以我对自己的归属，有点含糊其词，不过这种含糊其词，与户籍、祖籍划分无关，是我自己心里的天平在摇晃，一直以来湖南与河南方言都能听懂，但说的都不地道。

关于口音问题，暂且按下不谈了。

很小的时候，老家这边都是大山和几十年的破木头房，我就经常和表姐去后面的田里捉青蛙。

因为只有过年才回来，所以这里的变化我看不到，只记得高中之后，原来的田地都变成了高楼小区，姥姥家也修了三层的小楼，还有wifi。

之前的山村气息少了很多，大部分记忆中的老家的夏天与寒冬都渐渐消逝了。

不过比起环境上的改变，亲人才是这里的主体，不是说家其实是家人在的地方，而不是简单一座房子吗？

　　听我爸说，奶奶在我差不多两三岁的时候因为骨髓癌去世了，我至今不知道内情，也许永远不会知道。反正在我的意识里我从来没见过她，也不可能跟她说上话，她的名字也是我前年问了我爸才知道的，我感觉错过了很多。我爸说我出生后奶奶天天抱着我，特别喜欢，这更给故事蒙上了一层悲剧色彩。

　　在我真正的意识与记忆里，第一次见奶奶，是第一次去给她扫墓，爸爸只说带我去看奶奶，我才知道是这种会面方式。前几年扫墓我都会用手机去照坟墓周围，期盼能看到久违的身影，可是没有，也许早就在下一世了吧。

　　我向来不忌讳提及关于死亡的一切，没什么不能说的。后来我见的墓碑多了，站在坟堆中，闭上眼感受这死亡，就开始思考自己的未来，我躺在里面的时候，又会有谁来给我除杂草呢？消逝的感觉越来越强烈了。

　　我还是高一的时候，有一天周末在叔叔家吃饭，然后老家那边就打来了电话，说是姥爷早上去世了，我妈就马上买了票回去。后来我渐渐了解到情况，姥姥每天早上都会喊他，这天喊他他没回应，姥姥和小舅等人也没在意，之后觉得不对劲，走近床边一看才发现人走了。

　　之后我在郑州看了我妈发来的现场情况，棺材在家中停了三天，就上山埋了。棺材是早就备好的，一直放在家里。这件事我也是最近才知道。

　　我平常在姥姥家一楼的客厅滞留的时间最多，客厅门外墙根放了很多杂物，落了很多灰，有一块儿很大的物件在这里，前几天表姐告诉我，那是棺材，我问谁的，表姐说姥姥的，我又问姥爷姥姥早就备好了棺材在家里吗？表姐说是的，姥爷走的那天直接就用上了，姥姥这口棺材一直放在那里准备着，我说我还以为那是横放的衣柜，上面盖了一层布我看不出来。过年的时候我和表姐去市集买了新的红布，回家盖在了棺材上面。

姥姥目前很健康，一直给我们做饭什么的，祝她寿比南山吧。

虽然我回老家的次数不多，但是关于亲人和老家的记忆我都有，我只是觉得恍惚，这么多年过去了。

我更加喜欢这群人了，我真正感觉到这是一家人，连憎恶和嘲笑都是一样的，甚至觉得我们这一家有点朋克。

不过，一切都在消逝。

人躺在那个封闭的空间里，是否能斩获最初的安宁，抑或只是闭上了眼睛。

我不再对我的归属含糊其词，死亡是每个人的终点，如果不能明了它的意义，那么活着也只是没死。

你是活着，还是没死？

结

听过相同的故事最多次数的人，不是父母，不是朋友，是我的心理医生。

那半年我每周去治疗，都会讲一次，每讲一次，就更习惯一点。

称之为治疗，不如叫定时打麻药。

不论我的医生是因为我付了钱，还是因为同情或自愿，他都听了很多遍，很多很多遍。

每次讲完，他都会问我，有没有好一点，我点点头："没有。"

他也完全不会表现出不耐烦，只会告诉我没关系，下次再试试，然后给我倒杯热水。

我没见过这种治疗方法，这种方法显然也收效甚微，我花了钱找人倾诉，也是因为我几乎不会主动和别人倾诉，只是憋着。

解铃还须系铃人，这是我的结，不是医生的结。他很快乐，收入稳定，家庭美满。

最后一次去，医生说这是最后一次疗程了，你还需要接着治疗吗？我说不用了，谢谢医生。医生说我其实没什么事，一切都很好，我觉得自己的问题很大，心魔每天每晚都在折磨我。

时至今日，结仍然没有解开，不过，我成了自己的心理医生。

此题何解？此题无解，只好暂时和解。

《茶余》后记

再等等，仿佛一切都来得及，仿佛一切都没过去，还有藏在暗处的你。

2015年9月刚来武汉的第一天晚上，吃街边摊儿吃了个肚儿圆，又在长江边上站了好久，因为没来过这个城市，满眼都是新鲜。风吹得我很舒服，我戴了颗小草在头顶，我对着江水大喊。那时候我在想，往后四年，该发生多少刻骨铭心被称作往事的事。我会笑几天，我又会哭几天，我会认识谁，我会记得谁，谁又会记得我，我满怀期待，同时也小心翼翼。

后来，该发生的都发生了。

我不得不默认，现在的我和四年前完全是两个人。那会儿我没经历过《茶余》里的一切，没有几次追寻爱情失败，变得不再主动、不再满怀期待，没有被背叛过，没有被命运捉弄过，当然，也还没有遇见几个毕生难忘的朋友。经历过许多许多后，于是我把所有事情提上日程，创业、写书、改名、蜕变，重新认识自己，好好照顾自己，有的事已经完成，有的事还没放弃。当天看到《茶余》第一章发出来的人有很多已经见过最后一面了，我不记得我为什么要写这样一本书了，我只知道当时深陷自己失败的感情经历当中不能自已，可能我深知自己是个爱情大于天的巨蟹座，所以越是爱而不得，我越是痛苦不堪，也越灵感迸发。并且我经常会发现生活里一些奇怪的东西，别人看不到的东西，所以我停不下来，我一直写，毕竟我从小就爱写。

书里的文大概分三种，故事、诗和随笔，所以《茶余》是故事书，是诗集，也是我的日记本，处女作的缘故，所以我打算每种类型都试一下，找到自己最擅长的类型，万一我这辈子还有第二、三、四本书，我就可以专一一点。我喜欢彩蛋，所以我在《茶余》里藏了很多彩蛋，说是彩蛋，其实就是关于我的过去的一些碎片，只有了解我的过去的人和我自己才能看出来，我布置彩蛋的时候乐在其中，感觉就像自己藏了宝物让别人去找，结果谁也找不到，我很得意，也觉得有点失望，我是该说自己自作多情呢，还是说自己是个异端呢？

我应该谢谢那些不断给我温暖的人，我心眼不大，仍然痛恨并咒骂伤害过我的人，他们二者都给了我非凡的经历，让我汇成文字收藏在书里。其实很悲哀，我忘记四年前我是个什么人了，中间的恩恩怨怨填满了我的记忆，不然我一定记得的，我只知道那时的周瓶肯定和现在的我处处不一样。每个深夜我都会努力回想，我什么都想不起来，我从过去的蛛丝马迹里翻找，直到书也写完了，还是没找到，要不要算了？

我挺怕《茶余》完结的，我写前几章的时候就在困扰，完结了该怎么办，归根结底，是因为我向来怕失去、怕离别。无论各种程度的失去都会让我难过好久，小时候只不过丢了个文具盒或者自行车，别的小朋友都觉得没什么，而我总是会哭哭闹闹几个星期缓不过来，这样的性格带到了现在这个岁数，文具盒和自行车就演变成了一些人、一些事、一些感情。我以为完结的时候我会很高兴，事实上没什么感觉，就好比我的心里有个小村庄，突然有一天来了龙卷风，虽然龙卷风走了，但是村庄成了废墟。我没故事可以讲了，说不定我也是故事里的人，我书里的角色都活在世上的某角落，又或者我就是他们，他们就是我。

四年的记忆用多个篇章来描写，这大概就是我的整个大学，我原以为会在夏天完成最后一章，反倒是在一个清冷的春天，这样也好，我可以有更多的时候去喝奶茶、吃炒酸奶。此刻的我，应该正在偏僻的小书店等《茶余》的出现。直到有一天，我不要介绍自己，就把它放到我喜欢的姑娘手里，愿姑娘也喜欢我，这本《茶余》可比我还要了解我自己。

时至今日我还是没有遇见她，等待是我最拿手的事，我回头无数次，身后还是没有人，我已经成为用诗来消遣时光的人了，我也不想这样的。还有多少有意思的事将会发生，我不太清楚……